地方特有の悩みをこれ一冊で解決!

人手不足時代を生き抜く
地方の会社の人事戦略

社会保険労務士
本田 淳也

労働新聞社

はじめに

　青森県深浦町に暮らしていた中学3年の頃、同じ野球部の友達が車で1時間程の大きな町からミスタードーナツをおみやげに買ってきてくれました。部室ではじめて食べたそれの美味しさは"衝撃的"で、35年経った今でも記憶の片隅にあります。

　インターネットやスマホの普及で、地方と都市部の情報格差は縮まったように感じます。ただ、その深さやスピードは従来と比べさほど変わっていないような気もします。都市部で流行った形態の店が1年後に地方で開店……よく見かける光景ではあるものの、気が付けば閉店しているケースも少なくありません。

　地方には特有の難しさがあります。加えて今後は人手不足が経営を圧迫し、ただでさえ生産性が低く、資金が乏しく、苦しい経営が続いている地方会社の経営難度が押し上げられます。今、30年間歩みを止めていた物価や賃金が動き出しました。地方においても優勝劣敗が鮮明になる可能性があります。

　そんな中、"社労士として頑張っている地方の会社を応援したい"という思いから本書を企画しました。なぜそこに至ったのか、理由はふたつあります。

　筆者はお昼時、毎日同じ弁当屋さんに通っています。そちらのスタッフには慌ただしく動きながらもそつなくこなす一定の能力と経験が求められます。そのような動きに感心し、スキルの高さを感じていても、窓の求人チラシをみると時給は最低賃金の水準に抑えられています。ここ数年、倍近くの上がり幅で最賃が改定されたとはいえ、生活にゆとりが出るほどではありません。

　何らかのきっかけにより会社の経営状態が好転し、存続はもちろんのこと、従業員の賃金をはじめとした労働条件や職場環境がより良くなってほしいという思いがありました。

　もうひとつは、地方から都市部への若者の流出です。都会への憧れは今も昔も変わらず、本人の意思を尊重すべきですが、大事なのは「そろそろ地元に帰りたいな」と思ったとき、魅力を感じる会社が地元にあるかどうかです。

事業内容、経営方針、労働条件、人間関係、福利厚生、経営者の想いなど、都市部とガチンコ勝負です。地方にも特徴のある会社はいっぱいあって、従業員への想いが強く、地元を良くしたいという熱意をもっている経営者も大勢います。でも今以上に、もっと心惹かれる会社にしていく必要があると考えている経営者は多いのではないでしょうか。そのような前向きな経営者の一助になれば嬉しい限りです。

ちなみに、本書においては事例として青森の会社が多く登場します。馴染みのない方のために、まずは筆者なりの青森のイメージをお伝えしたいと思います。

ご存じの通り、本州最北端に位置し交通の便はあまり良くなく、都市部以外へは乗り継ぎをしなければ行けない地域が多いです。生活水準でいうと、収入は東京より3割〜4割ほど低い上、ひとり1台の車社会で、さらに雪が降るため維持費にスタッドレスタイヤが上乗せされ、加えて冬は灯油代が月数万円かかります。地代や物価が低めとはいえ、携帯代やネットショッピングといった全国一律な費用も多いため、節約しながら生活をしている方が多いように感じます。

地方はどこも似たような雰囲気があると思います。が、そのような状況においても、経営者はしっかり利益を確保しなければなりません。青森県の経営者の平均年齢は都道府県別では全国で4番目に高い62.2歳（2023年）。地方はどこも高い傾向にあり、事業承継も必須となります。

本書では、地方特有の強みである「つながり」を活かした人事戦力、人出不足時代に欠かせない労務管理、費用をかけなくても可能なモチベーションアップ策、実際に取り組んでいる会社事例、専門家からのアドバイス、就業規則の規定例、よくある質問などを、採用支援、定着支援、モチベーション向上支援、生産性向上支援、労務知識向上支援に分けて紹介しています。

逆風に負けず、一緒に乗り切っていきましょう。

目　次

第1章　地方の会社経営はナゼ難しい

1　地方の会社＆社員の特徴 ………………………………… 12
（1）大人しい人が多くあまり自己を主張しない ……………… 12
（2）平均年齢が高く変化を嫌がる ……………………………… 12
（3）デジタル化が遅れている …………………………………… 12

2　地方の経営課題とは ……………………………………… 13
（1）人がいない …………………………………………………… 13
（2）生産性が低い ………………………………………………… 13
（3）結果利益が残らず資金が乏しい …………………………… 13

3　これから進むべき人事戦略を描く …………………… 14

第2章　地方の特性を活かした採用に本気で取り組むべし（採用支援）

1　つながりを活かしたリファラル採用 ………………… 16
（1）なぜ地方はリファラル採用なのか ………………………… 16
（2）リファラル採用の運用法 …………………………………… 17

2　UIJターン希望者を応募させるハローワークインターネット活用術 ………………………………………………… 19
（1）ハローワークインターネットサービスとは ……………… 19
（2）オンライン自主応募を可にするとどうなる ……………… 19
（3）ハローワーク紹介状を無しにしなければならないワケ …… 20
（4）オンライン面接に対応すべき理由 ………………………… 20

3　つながりを活かしたアルムナイ採用 ………………… 21
（1）退職者の再雇用も検討する時代 …………………………… 21

4　外国人雇用も積極的に検討すべし …………………… 22
（1）技能実習と特定技能の違い ………………………………… 22

（２）技能実習と特定技能の現状と課題 ……………………… 25
　　（３）今後の育成就労・特定技能制度のイメージ …………… 25
　　【現場からの声：ホライゾンヒューマンインベストメント株式会社】
　　特定技能の登録支援機関に現状を聞いてみた …………… 27

　５　独自性の強い福利厚生制度を導入 …………………………… 30
　　（１）従業員の事情に考慮した福利厚生制度 ………………… 30
　　（２）制度導入のメリット・デメリット ……………………… 31
　　（３）ペット忌引き …………………………………………… 32
　　（４）ペット休暇 ……………………………………………… 33
　　（５）ペット扶養手当 ………………………………………… 34
　　（６）ペット同伴出勤 ………………………………………… 34
　　【現場からの声：A-VENTURES 株式会社】
　　地方の採用コンサルタントに現状を聞いてみた ………… 36
　　【現場からの声：ディーシーティーデザイン】
　　地方のHP&SNSの専門家に聞いてみた …………………… 39

第３章　これからは離職率の減少に全力投球すべし（定着支援）

　１　新規採用のハードルが上がっている今、
　　　地方は特に退職者を出さないことに注力する ……………… 46
　　（１）離職の鉄板３理由をおさらい …………………………… 46
　　（２）疎かになっているやりがい ……………………………… 47
　　（３）人間関係のこじれを見逃さない ………………………… 48
　　（４）地方ならではの理由？ …………………………………… 48
　　【現場からの声：株式会社テクノル】
　　社員が働きやすい職場環境を目指して！ ………………… 50

　２　仕事ができる人を退職させないために …………………… 52
　　（１）評価を接遇等に反映させよう …………………………… 52
　　（２）地方で人事評価制度がうまくいかないワケ …………… 52
　　（３）地方にオススメの評価制度活用法 ……………………… 53
　　【現場からの声：社会福祉法人徳誠福祉会徳誠園】
　　人事評価制度の難しさを聞いてみた ……………………… 54

3 60代後半〜70代でも元気なうちは働いてもらう ……… 56
 （1）高年齢者雇用確保措置とは ……… 56
 （2）再雇用しなくてもOKなケースとは ……… 57
 （3）高年齢者ならではの注意点および心身のケアは ……… 57
 （4）よく見かける1年契約にするワケ ……… 58
 （5）更新する・しないの判断基準とは ……… 60
 （6）60歳から1年契約で65歳（5年経過）になったら無期雇用になるのか ……… 61
 （7）就業規則の規定例 ……… 62

4 働き盛り世代の命を守る ……… 64
 （1）平均寿命全国最下位の青森県の課題とは ……… 64
 （2）経営主軸世代の健康を守るために ……… 65

5 パワーハラスメントは経営リスク大 ……… 69
 （1）地方の会社はパワハラが命取り ……… 69
 （2）パワハラの現状 ……… 69
 （3）パワハラがなぜ問題なのか ……… 71
 （4）パワハラの基礎知識 ……… 72
 （5）パワハラに該当する例、しない例 ……… 74
 （6）パワハラを予防するために ……… 76
 （7）判例で学ぶパワハラ ……… 78
 （8）パワハラが発生したときは ……… 81

6 出産後もスムーズに働いてもらうために ……… 82
 （1）無くならないセクハラ ……… 82
 （2）マタハラにもしっかり配慮すべし ……… 83
 （3）産休・育休の流れを事前に把握しましょう ……… 87

7 賃上げが難しい会社が取るべき対応 ……… 90

8 給与計算担当者の負担を軽減する ……… 91

9 中核を担う人材の介護離職を防ぐ ……… 93

第4章　社員にイキイキと能力を100％発揮してもらうべし
　　　　（モチベーション向上支援）

　1　社員のモチベーションを上げ能力を100％発揮させる …… 98
　　（1）モチベーションアップの仕組み ……………………………… 98
　　（2）経営者がやりがいをつくる …………………………………… 99
　　（3）やりがいを高める地元への貢献感を明確に ……………… 100
　　（4）承認欲求を満たす …………………………………………… 101
　　（5）働きやすさと働きがい ……………………………………… 102
　　（6）異業種間インターンの効果 ………………………………… 104
　　（7）クラウドサービスで気持ちを見える化 …………………… 105
　【現場からの声：株式会社精養軒】
　　従業員満足度にこだわる経営者姉妹！ ………………………… 105
　2　管理職の育成に力をいれる ……………………………… 107
　　（1）おとなしい社員が多く注意できない ……………………… 107
　　（2）自分たちが育ったやり方と同じ若手育成手法では難しい
　　　　時代に ………………………………………………………… 108
　　（3）圧倒的に少ない管理職研修が重要なワケ ………………… 108
　3　地方の会社の福利厚生術 ………………………………… 109
　　（1）実情に合わせた福利厚生 …………………………………… 109
　　（2）費用はかけなくても気持ちに届くものを ………………… 110
　4　経営者自らモチベーションに刺激を …………………… 110
　　（1）業界団体等のより積極的なサポートを求む ……………… 110
　　（2）つながりを活かし、連携しながら能力を高めていこう … 111
　5　祭りの熱狂を日常にも …………………………………… 112

第5章　存続のキーワードとなる生産性を向上すべし
　　　　（生産性向上支援）

　1　特に地方で生産性向上が必要なワケ …………………… 114
　　（1）「1人当たり県民所得」と「1人当たり雇用者報酬」から
　　　　探る …………………………………………………………… 114

（2）企業経営の視点からみた「労働生産性」の考え方 ………… 114
　　（3）社会保険適用拡大に備えるべし！ ……………………………… 117
　　【現場からの声：タグボート株式会社】
　　経営者の熱量が地方を救う！ ………………………………………… 120

2　ムダ改革 ………………………………………………………… 123
　　（1）地方でムダ改革に取り組まないとダメな理由 ……………… 123
　　（2）地方のムダ改革の現状とは ……………………………………… 123
　　（3）そのサービス必要ですか ………………………………………… 124
　　（4）「企業のムダ調査」から分かること ………………………… 125

3　適切な価格設定を心がける ………………………………… 128
　　（1）生産性にも影響する価格決め ……………………………………… 128
　　（2）値上げ交渉は人間関係を重視しよう ……………………………… 128

4　デジタルは肯定していこう ………………………………… 129
　　（1）社長が積極的に進めよう ………………………………………… 129
　　【現場からの声：株式会社エフエム青森】
　　いち早くクラウド化を推し進め効率的に ………………………… 130
　　【現場からの声：株式会社ケアサークル】
　　残業を減らすためにデジタル化を推進 …………………………… 133
　　【現場からの声：NPO法人あおもりIT活用サポートセンター】
　　地方の現状を聞いてみた ……………………………………………… 136
　　【現場からの声：白神マタギ舎】
　　青森県DX総合窓口に相談した事例 ……………………………… 138

第6章　守備の要となるバックオフィスをレベルアップすべし（労務知識向上支援）

1　労働基準法をもっと活用しよう ……………………………… 142
　　（1）繁忙期を調整できる変形労働時間制とは ……………………… 142
　　（2）定額残業代とは ……………………………………………………… 144
　　（3）残業をさせるには労働基準監督署へ届出が必要 ……………… 145
　　（4）週44時間働いても残業代必要なしの業種とは ……………… 150
　　（5）農業における労働基準法の適用除外とは ……………………… 152

2　日常的によくある質問 …………………………………… 153
 （1）扶養者の範囲がよく分かりません ……………………… 153
 （2）能力が会社の基準に達しない社員がいて困っています …… 155
 （3）退職届って必要なの？ ……………………………… 156
 （4）給与や労働時間を変えたいのですが、問題ないでしょうか？… 157
 （5）20年前に作ってそのままの就業規則、大丈夫でしょうか？ … 157
 （6）勤怠管理のオススメはありますか？ ……………………… 158
 （7）退職する際の有給休暇って取らせないとダメなの？ ……… 159
 （8）従業員が社会保険に入りたくないと言ったら未加入でいいの？ …………………………………………………………… 160
 （9）残業は許可制がオススメ ……………………………… 160
 (10)従業員に「パワハラを受けて悩んでいます」と相談を受けたら ………………………………………………………… 161
 (11)忌引きで休んだ時って、給与はどうすればいいの？ ……… 162
 (12)異動が不可？となる労働条件通知書とは ………………… 163
 (13)労働基準監督署の調査って何を見られるの？ …………… 164
 (14)勤務中にケガをしたら保険証を使ってもいいの？ ………… 165

3　給与計算の注意点 ……………………………………… 166
 （1）残業の割増基礎単価とは ……………………………… 166
 （2）6時間労働のパートスタッフが1時間残業したら割増発生？… 167
 （3）法定休日と所定休日って何？ …………………………… 167
 （4）社会保険は翌月徴収？当月徴収？ ……………………… 168
 （5）失念の可能性が高い社会保険の随時改定 ……………… 168
 （6）退職時はいつまで社会保険料を控除するのか ………… 169

4　無料で経営相談ができる「よろず支援拠点」をフル活用 … 170
 （1）経営に関する多くの課題に対応 ………………………… 170

5　後継者のことなら事業承継・引継ぎ支援センター ……… 171
 （1）若い社長へバトンタッチも検討しましょう …………………… 171

第1章

地方の会社経営はナゼ難しい

1 地方の会社＆社員の特徴

（1）大人しい人が多くあまり自己を主張しない

　筆者は高校を卒業するまで青森県で暮らしていました。進学および就職で札幌に住んだ後、東京に移り住み四輪駆動車雑誌の編集部で働いていました。

　その際、都市部の人に強く感じたことは、積極的で自己をしっかり主張する人が多いということ。地方在住者はどちらかというと、大人しくて自分をアピールする人が少なく、会議ひとつ取っても人前で発言したくないため、あまり目立たないように聞くだけ参加になっているケースが数多くあります。

　いっぽうで、都市部の人は会議や日常において積極的に発言する場合が多く、議論も活性化されやすく、経営にもプラスの影響を与えてくれます。あくまで一般論ではありますが、経営者についても同じような傾向があるように思います。

（2）平均年齢が高く変化を嫌がる

　地方では若い社員の入社が少ないため、どうしても平均年齢は上昇傾向となります。人手不足が顕著な業界では20代〜30代のスタッフが0人という会社も少なくなく、10年後、20年後を考えた際、いびつな年齢構成となり、経営の至るところで影響が出てきます。

　また、人事労務管理で意外と盲点になっているのが「感情の老化」です。人は年齢を重ねると意欲や好奇心が薄れ、感情が少しずつ衰えていきます。刺激や変化のない仕事であればなおさらです。高齢化によって、現状の会社経営において不可欠な、「日々改善」や「時代に合った会社に変化していく」という意識や行動が鈍くなってしまいます。その結果、社内の改善が行われず利益が出にくい体質へと変化する可能性があります。

（3）デジタル化が遅れている

　人手不足時代においては、デジタルを有効活用しながら生産性を向上しな

ければ会社の存続が難しくなっていきます。とはいっても、経営者や社員が高齢化してくると、なかなか腰が重く、課題はあるけどとりあえず何とかなっているからこのままでいいや、と一歩を踏み出せずにいる会社も多いのではないでしょうか。デジタル化が進むかどうかは経営者の考え方と決断のみではありますが、地方にいけばいくほど費用の捻出が困難なこと、億劫さが先に立つこと等の理由によりあまり進んでないように見られます。

 地方の経営課題とは

(1) 人がいない

　地方の町や村にいくとホントに人がいません。元々学生の数が少ない上に、就職や進学で都市部に移り住む若者も多く労働力人口が不足しています。行政でも UIJ ターンに力を入れているものの、会社が求めている人数を確保できるまではいかず、年中求人票を出しているという会社も多くあります。

(2) 生産性が低い

　前述した「デジタル化が遅れている」と重なる部分がありますが、地方ではサービス業が多いという事もあり生産性が低く、それに対応するように賃金も抑えられています。例えば、業務を見直して"ムダな仕事を無くす・修正する"という改善も生産性向上には欠かせないものの、経営者自身が作り上げた実績を否定されたくない等の理由により、手つかずのままの会社も多くあります。

(3) 結果利益が残らず資金が乏しい

　社員を確保できないと売上にも影響してきます。例えば、欠員が続く介護事業所においては利用者の定員を制限せざるを得ないですし、つい先日も地元のスーパーがスタッフを確保できないという理由で閉店となりました。人手不足は経営に大きな影響を及ぼします。また生産性が低いままではひとり当たりの営業利益が伸びず、結果として利益が出にくい状態となります。

これから進むべき人事戦略を描く

　今後の経営には、人手不足や物価高の逆風下でも事業を存続できるような強さが問われていくことになります。

　これを乗り切るには職種に関係なく「経営のど真ん中に人を置く」ということが良策だと思っています。採用の段階から力を注ぎイイ人材を確保し、キャリアアップができるよう研修等を疎かにせず、一定の高いモチベーションを保てるよう組織づくりに汗を流し、常に改善の意識を持ちつつ、そして部下の指導もしながら戦力として定年まで働いてくれる・・・地方ではそんな社員を多く育てていく必要があります。

　社員の生産性やモチベーションが上がると結果として利益が増加し、労働条件を良くしたり、必要な機器を揃えたりデジタル化へ移行したりと改善の選択肢が広がると同時に、社員を育成する時間や経費も捻出でき、多くの部分でプラスのスパイラルが始まります。

　また経営戦略上、社員の質で差別化を図ることがもっとも重要であり、そのために成すべきことを第2章から詳しく解説していきたいと思います。

第2章

地方の特性を活かした採用に本気で取り組むべし（採用支援）

つながりを活かしたリファラル採用

（1）なぜ地方はリファラル採用なのか

まずは図表1の経路別入職割合をご覧ください。トップである「広告」に次いで2位に約25％の「縁故」が挙がっていて、実に4人に1人がそのルートで入職しています。地方では求人募集の第一選択肢となる3位の「ハローワーク」を上回っていて、意外だと感じる方も多いのではないでしょうか。

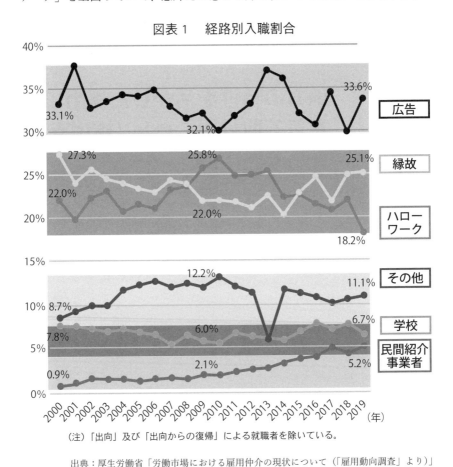

図表1　経路別入職割合

（注）「出向」及び「出向からの復帰」による就職者を除いている。

出典：厚生労働省「労働市場における雇用仲介の現状について（「雇用動向調査」より）」

ここ数年、リファラル採用が注目されています。これは、社員や取引先に友人・知人を紹介してもらう手法です。紹介という点では縁故と似ていますが、それよりも幅広く、また採用についても本人の適性や能力を考慮し適切に判断することができます。

　今までも多くの会社で紹介により採用したケースは多々あります。が、それとの違いはリファラル採用の可能性を強く認識し、"積極的に社員に働きかける"という点です。つまり自然発生的にゆるくやるのではなく、インセンティブ（金銭、ポスト、精神的報酬）や案内文作成等を実施し組織的に取り組むことが重要となります。

　実際、ハローワークからまったく応募が無かった知り合いのりんご農家では、紹介で20代の若者数名を採用しています。直接応募と違い、知り合いのいる会社を身近に感じるせいか、一気に距離が縮まる上、会社からアプローチしている流れにもなるため、求職者にとっては「自分を必要としている」と感じられるのが紹介採用の特徴です。また会社側としても、紹介者からその人の能力や性格をリアルな声で聞くことができるため、安心感がグッと上がります。

　とりわけ地方では人と人のつながりが強いため、この採用手法に力を入れるのをオススメします。

（2）リファラル採用の運用法

　友人を紹介してくれたら、その従業員に紹介料を支払っている会社は多いと思います。しかし、効果のほどはいかがでしょうか。人手不足のこれからは、いくらかの紹介料だけでは従業員も意気に感じて動いてくれません。

　対応策としては、まず経営者が本気で取り組むことです。安易に効果だけ求めようとしても成果は上がりにくい時代になりました。経営者が指揮を取って制度を作り、インセンティブも金銭だけではなく、精神的報酬やポスト評価にまでつなげる必要があります。

　本来であればアピールブック等を作成して、従業員が紹介しやすいように後押しすべきですが、あまり細かく組みすぎると人手不足の地方会社では実行が伴わず頓挫する可能性があります。そうならないためにも、簡単に準備

できるハローワーク求人票を活用することをオススメします。効果は薄くなるものの、これならさほど手間がかかりません。

以前、関与先で欠員発生後、知り合いに声をかけたが明確な返事が無かったため、ハローワークに求人票を出したところ、2日後にそれを見たその知り合いから連絡があり採用に至りました。口頭でのお誘いでは詳しい労働条件が分かりかねるため、細かな情報まで知りたい求職者には書面提示は有効です。

ただし、簡単に作成した従来のものではなく、「仕事内容」や「求人に関する特記事項」などの文字数制限に余裕のある箇所は目一杯書きましょう。特に求人に関する特記事項には600文字まで何を書いてもOKです。会社や経営者の思い、求めたい人材、仕事のQ&A、より具体的な仕事内容、スタッフの声など積極的に記載しましょう。

そして、従業員が知り合いにメールやLINEで送りやすいよう、案内文書等も含めひとつのPDFファイルにまとめましょう。なかには気軽に電話できる昔ながらの友達もいれば、それほど親密ではない知り合いもいるでしょう。紹介者となる従業員が動きやすいよう書類を整えてあげることもポイントとなります。

実際に会社から「友人を紹介してください」と言われても面倒が先に立つ従業員も多いため、このような手間のハードルを下げる資料が必要となりますし、メリットとなるインセンティブの提示も欲しいところです。ちなみに案内文書はストーリーを意識しましょう。なぜリファラル採用を始めるのか、その理由を説明しつつ、最後にインセンティブに触れると良いでしょう。

あとは粘り強く定期的に情報を発信し、制度が浸透するようにしましょう。

UIJターン希望者を応募させるハローワークインターネット活用術

(1) ハローワークインターネットサービスとは

　皆さんはハローワークインターネットサービス（以下 HWIS という）をご存じでしょうか。以前はハローワーク窓口で求人票公開の手続きをしたり、電話で修正や取り下げをしたりしていましたが、今は HWIS ですべてできるようになっています。

　イメージでいうとクラウドサービスのようなもので、登録してマイページを作ってしまえば、求人票を出す会社はもちろん、仕事を探している求職者もハローワークへ行かずに多くのサービスを利用できます。最近はスマホで求人情報を探す求職者が多いため、HWIS を使いこなすことが応募件数にもつながっていきます。

　以前、青森県内のある町で求人票作成セミナーの講師を務めた際、参加者に「HWIS を使っていますか」と質問したところ、利用者はゼロでした。地方にいけばいくほどデジタル化が鈍くなる傾向にあるものの、HWIS には多くのメリットがあります。まずはマイページを作ることから始めてみましょう。

(2) オンライン自主応募を可にするとどうなる

　この HWIS、実務上、従来と大きく異なるのが「オンライン自主応募」が可能になっていることです。これはその名の通り、求人票を見た求職者が「おっ、この会社応募してみようかな」と思ったとき、ハローワークを通さず直接 HWIS から応募ができるというものです。

　手っ取り早く便利なのはもちろん、在職中で会社を変えたいという転職組にとっては、今まで応募書類にほぼ100％の確率で存在していた「ハローワーク紹介状」が不要になるため、わざわざハローワークに行かなくてもスムーズに応募できるようになりました。遠方からも応募しやすいでしょう。ただしこの際、会社側も「オンライン自主応募可」にチェックを入れて求人票を作成しなくてはなりません。またハローワーク紹介にならないため、一部の

助成金では対象外となるケースもあります。ご注意ください。

（3）ハローワーク紹介状を無しにしなければならないワケ

　多くの求人票ではいまだに「ハローワーク紹介状」が必要となっています。これはハローワークの管理上、設定されていて、求職者にとっては無い方が応募しやすいケースもあります。

　例えば前述したように、企業が求める即戦力になり得る在職中の方が仕事を探す際にハローワーク紹介状が必須であると、わざわざ事前にハローワークに行って登録等しなければならず、人によっては応募の足かせとなるケースがあるからです。都市部から地元に帰って就職したいと思っている方も然りです。ただでさえ応募が少ない昨今においては、なるべく進めやすい状況を整えるのも重要です。

　ただ、このハローワーク紹介状、通常は必要となっているケースが多いため、不要とする場合はオンラインや窓口で変更の手続きが必要となります。制度上可能ではあるものの、表記の仕方は管轄のハローワークで取り扱いが異なるようです。担当者の指示に従って進めましょう。

（4）オンライン面接に対応すべき理由

　皆さんは求人票を出す際、オンライン面接を可としていますでしょうか。同じ地域在住の求職者であれば直接会って面接をする方が適切だと思いますが、地方にいけばいくほど、特に働く若い人がいないため、地域外の求職者にもアプローチしなければならない状況になっています。

　大学進学や就職で地元を離れたが、そろそろ戻りたいと考えているUターン組、I・Jターンのようにほかの地域から移り住みたいと考えている方など、今は幅広い地域の求職者をターゲットにすべき時代です。

　そのためにはオンライン面接を可としなければなりません。例えば筆者が住む青森県からは毎年東京方面に移り住む若者が大勢いる反面、青森に帰ってくる人達もいます。その際、一番の懸念材料は仕事があるかどうかです。それも今の職場に勤務しながら次の会社を決めてから引っ越しをするというのがベストです。そのためにもオンライン面接は可能としなければなりません。前述したオンライン自主応募やハローワーク紹介状についても配慮が必

要です。

　さらに深く考えると、ただ可能とするだけではなく、同業他社と差別化を図るため、「オンライン面接歓迎」といったように、こちらはオンラインでもぜんぜん問題ないですよ、といったアピールもしていきたいところです。

　ただ、オンライン面接にはデメリットもあり、お互いの雰囲気や表情が伝わりにくい場合があります。そのため、可能であれば一次面接はオンライン可、二次面接はリアルで実施するというのも一案です。

つながりを活かしたアルムナイ採用

（1）退職者の再雇用も検討する時代

　近年、人手不足の影響により、大企業を中心にアルムナイ採用の流れが加速しています。これは一度退職した人を再度雇用するというものです。従来の感覚では、「会社に不満があって辞めたのだから、今後やり取りをすることはない」という雰囲気がありましたが、今では会社自らが退職者参加のネットワークを構築したり、継続的なつながりを持つようにしたりと、カムバックを意識した取り組みが見られます。

　確かに、ネックになるのは会社のプライドだけであって、自社のスタイルを理解した良い人材であれば、ミスマッチなく即戦力として採用することができ、組織としても大きなメリットがあります。

　地方はより一層、地域が狭いこともありつながりが深くアルムナイ採用に向いていると感じます。大企業のように制度を構築しなくても、以前退職した優秀な社員に声を掛けてみるのもいいでしょう。順調に事が運ぶケースは少ないものの、状況が変わればそのうち向こうから連絡が来る可能性も少なからずあります。まずは会社の意図を伝えておくことも必要です。

　ただ、地方ならではの難しさがあります。それは意外と頑固な経営者が多いということ。若い人はそうでもないでしょうが、義理を重んじる高齢経営者がOKを出すかは何とも言えません。そこに踏み切るかどうか、判断が分かれるところです。

4 外国人雇用も積極的に検討すべし

（1）技能実習と特定技能の違い

　皆さんご存じのように外国人労働者は毎年増え続け、2021年時点では約172万人に上ります。とりわけ地方では第一次産業を中心に多くの外国人が活躍しています。とはいっても、日本の労働者は約6,900万人。外国人労働者はまだまだ一部でありなじみの薄い会社も多く、制度の違いも理解されていない経営者も多いことでしょう。今後さらに進む人手不足社会に向け、外国人雇用の基本をまずは理解しましょう。

　現在、就労が認められる在留資格は20近くありますが、会社が希望をして受け入れ可能となる代表的なものとして、「技能実習」と「特定技能」が上げられます（技能実習制度は後述する「育成就労」制度へと今後変わります）。

　技能実習制度は、技能移転を通じた開発途上国への国際協力を目的として1993年に創設。2019年には、中小・小規模事業者を始めとする深刻な人手不足分野における対応として特定技能が創設されています。両者は目的が異なり、技能水準や入国時の試験、転職の有無など、多くの違いがあります（図表2）。

　まずはこのふたつを混在されている方が多いため、分けて考えましょう。在留期間について技能実習1号は1年間、技能実習2・3号は2年間滞在することが可能で、それぞれ1号〜3号まで順調に移行した場合、最長5年間は日本で技能実習を行うことができます。ただし、試験内容や3号受入条件、移行対象職種に当てはまるか否かで滞在期間が変わってきます。

　いっぽう、特定技能1号については4か月、6か月、1年ごとの更新で通算5年まで滞在することが可能です。特定技能は、深刻化する人手不足への対応として、生産性の向上等の取組を行ってもなお人材を確保することが困難な状況にある分野に限り、一定の専門性・技能を有し即戦力となる外国人の受け入れが可能です。職種は技能実習より少なくなっています（図表3）。

図表2　技能実習と特定技能の制度比較（概要）

	技能実習（団体監理型）	特定技能（1号）
関係法令	外国人の技能実習の適正な実施及び技能実習生の保護に関する法律／出入国管理及び難民認定法	出入国管理及び難民認定法
制度目的	国際貢献のため、開発途上国等の外国人を受入れOJTを通じて技能を移転するもの	深刻化する人手不足への対応として、生産性の向上や国内人材の確保のための取組を行ってもなお人材を確保することが困難な状況にある産業上の分野に限り、一定の専門性・技能を有し即戦力となる外国人を受け入れるもの
関係省庁の関与	制度所管省庁（法務省・厚生労働省）	制度所管省庁（法務省・外務省・厚生労働省・国家公安委員会）及び分野所管省庁
在留資格	在留資格「技能実習」	在留資格「特定技能」
在留期間	技能実習1号：1年以内、技能実習2号：2年以内、技能実習3号：2年以内（合計で最長5年）	通算5年
外国人の技能水準	なし	相当程度の知識又は経験が必要
入国時の試験	なし （介護職種のみ入国時N4レベルの日本語能力要件あり）	技能水準、日本語能力水準を試験等で確認（技能実習2号を良好に修了した者は試験等免除）
送出機関	外国政府の推薦又は認定を受けた機関	なし
監理団体	あり （非営利の事業協同組合等が実習実施者への監査その他の監理事業を行う。主務大臣による許可制）	なし
支援機関	なし	あり （個人又は団体が受入れ機関からの委託を受けて特定技能外国人に住居の確保その他の支援を行う。出入国在留管理庁長官による登録制）
外国人と受入れ機関のマッチング	通常監理団体と送出機関を通して行われる	受入れ機関が直接海外で採用活動を行い又は国内外のあっせん機関等を通じて採用することが可能
受入れ機関の人数枠	常勤職員の総数に応じた人数枠あり	人数枠なし（介護分野、建設分野を除く）
活動内容	技能実習計画に基づいて、講習を受け、及び技能等に係る業務に従事する活動（1号） 技能実習計画に基づいて技能等を要する業務に従事する活動（2号、3号） （非専門的・技術的分野）	相当程度の知識又は経験を必要とする技能を要する業務に従事する活動（専門的・技術的分野）
転籍・転職	原則不可。ただし、実習実施者の倒産等やむを得ない場合や、2号から3号への移行時は転籍可能	同一の業務区分内又は試験によりその技能水準の共通性が確認されている業務区分間において転職可能

出典：出入国在留管理庁「技能実習制度及び特定技能制度の現状について」

図表3　特定産業分野及び業務区分一覧

	分野	1.人手不足状況 受入れ見込数（5年間の最大値）	2.人材基準 技能試験	2.人材基準 日本語試験	3.その他重要事項 従事する業務	雇用形態
厚労省	介護	50,900人	介護技能評価試験	国際交流基金日本語基礎テスト又は日本語能力試験（上記に加えて）介護日本語評価試験	・身体介護等（利用者の心身の状況に応じた入浴、食事、排せつの介助等）のほか、これに付随する支援業務（レクリエーションの実施、機能訓練の補助等）（注）訪問系サービスは対象外〔1業務区分〕	直接
厚労省	ビルクリーニング	20,000人	ビルクリーニング分野特定技能1号評価試験	国際交流基金日本語基礎テスト又は日本語能力試験	・建築物内部の清掃 〔1業務区分〕	直接
経産省	素形材・産業機械・電気電子情報関連製造業	49,750人	製造分野特定技能1号評価試験	国際交流基金日本語基礎テスト又は日本語能力試験	・機械金属加工・電気電子機器組立て・金属表面処理 〔3業務区分〕	直接
国交省	建設	34,000人	建設分野特定技能1号評価試験等	国際交流基金日本語基礎テスト又は日本語能力試験	・土木・建築・ライフライン・設備 〔3業務区分〕	直接
国交省	造船・舶用工業	11,000人	造船・舶用工業分野特定技能1号試験等	国際交流基金日本語基礎テスト又は日本語能力試験	・溶接・仕上げ・塗装・機械加工・鉄工・電気機器組立て 〔6業務区分〕	直接
国交省	自動車整備	6,500人	自動車整備分野特定技能評価試験	国際交流基金日本語基礎テスト又は日本語能力試験	・自動車の日常点検整備、定期点検整備、特定整備、特定整備に付随する業務 〔1業務区分〕	直接
国交省	航空	1,300人	特定技能評価試験（航空分野：空港グランドハンドリング、航空機整備）	国際交流基金日本語基礎テスト又は日本語能力試験	・空港グランドハンドリング（地上走行支援業務、手荷物・貨物取扱業務等）・航空機整備（機体、装備品等の整備業務等）〔2業務区分〕	直接
国交省	宿泊	11,200人	宿泊業技能測定試験	国際交流基金日本語基礎テスト又は日本語能力試験	・宿泊施設におけるフロント、企画・広報、接客及びレストランサービス等の宿泊サービスの提供 〔1業務区分〕	直接
農水省	農業	36,500人	農業技能測定試験（耕種農業全般、畜産農業全般）	国際交流基金日本語基礎テスト又は日本語能力試験	・耕種農業全般（栽培管理、農産物の集出荷・選別等）・畜産農業全般（飼養管理、畜産物の集出荷・選別等）〔2業務区分〕	直接 派遣
農水省	漁業	6,300人	漁業技能測定試験（漁業、養殖業）	国際交流基金日本語基礎テスト又は日本語能力試験	・漁業（漁具の製作・補修、水産動植物の探索、漁具・漁労機械の操作、水産動植物の採捕、漁獲物の処理・保蔵、安全衛生の確保等）・養殖業（養殖資材の製作・補修・管理、養殖水産動植物の育成管理、養殖水産動植物の収獲（穫）・処理、安全衛生の確保等 〔2業務区分〕	直接 派遣
農水省	飲食料品製造業	87,200人	飲食料品製造業特定技能1号技能測定試験	国際交流基金日本語基礎テスト又は日本語能力試験	・飲食料品製造業全般（飲食料品（酒類を除く）の製造・加工、安全衛生）〔1業務区分〕	直接
農水省	外食業	30,500人	外食業特定技能1号技能測定試験	国際交流基金日本語基礎テスト又は日本語能力試験	・外食業全般（飲食物調理、接客、店舗管理）〔1業務区分〕	直接

出典：出入国在留管理庁「技能実習制度及び特定技能制度の現状について」

（2）技能実習と特定技能の現状と課題

　来日する技能実習生の多額の借り入れが問題になっています。出入国在留管理庁の書類によると、技能実習生が来日前に母国の送出機関や仲介者に支払った費用の平均額は約54万。来日者が多いベトナムの平均年収が約48万といいますから、かなり高額と言えるでしょう。また来日者の約55％が借り入れをしています。いっぽう、特定技能の場合は約18％が借り入れをして来日しています。その金額も技能実習より少ないようです。この違いは両者の特徴とも言えるでしょう。

　失踪状況も気になるところです。技能実習生の失踪は7,167人（2021年）で、全体に占める割合は1.8％。そして特定技能は76人（2021年）で割合は0.14％となっています。ここでも両者の差が明確になっています。

　労働基準監督署の調査結果も見てみましょう。技能実習生の実習実施者においては、労働基準関係法令違反が疑われる会社に対して9,036件の監督指導を実施し、その72.6％に当たる6,556件で同法令違反が認められています（2021年）。違反事例でもっとも多かったのは「使用する機械等の安全基準」、次いで「割増賃金の支払」、「労働時間」となっています。

　最後に、特定技能の特徴として転職が挙げられます。技能実習は原則不可ですが、特定技能は同一の業務区分内で可能となっています。自己都合による離職者数は1万9,899人（制度施行から2022年11月まで）。全体における割合は16.1％となっており、宿泊（32.8％）、農業（20.1％）の順で高くなっています。また、自己都合による離職後の状況は、帰国（31.4％）、転職（30.3％）となっています。離職率を考えると、賃金を始めとした労働条件や労働環境の見直しを進め、外国人から選ばれる会社になる必要があると言えます。

（3）今後の育成就労・特定技能制度のイメージ

　ここまで、技能実習と特定技能について解説してきましたが、技能実習制度については育成就労制度へと見直しをする予定となっています。

　その背景には、技能実習制度の目的が実態とかい離していること、長期にわたり産業を支える人材の確保が困難になると予測されること等があります。今後より一層、日本の人手不足は深刻になると想定され、特にこれは、地方経済・地方産業において顕著なものとなります。近隣諸国・地域との人

材確保競争が激化している現状において、制度自体を適切なものに改正し、貴重な外国人材から選ばれる国になるという狙いがあるようです。

イメージは図表4をご覧ください。転籍の制限が緩和された育成就労（3年）から特定技能1号（5年）に移り、その後、特定技能2号（制限なし）にも移行できる流れとなっています。

図表4　制度見直しのイメージ

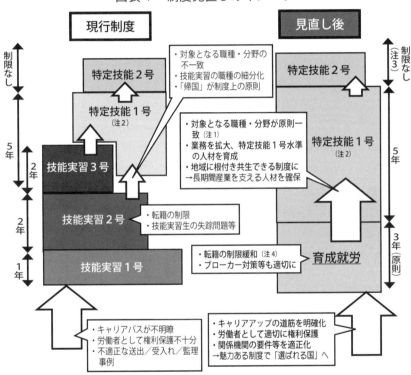

(注1) 育成就労制度の受入れ対象分野は特定産業分野と原則一致させるが、国内での育成になじまない分野は育成就労の対象外。
(注2) 特定技能1号については、「試験ルート」での在留資格取得も可能。
(注3) 永住許可につながる場合があるところ、永住許可の要件を一層明確化し、当該要件を満たさなくなった場合等を永住の在留資格取消事由として追加する。
(注4) 転籍の制限緩和の内容
　○「やむを得ない事情がある場合」の転籍の範囲を拡大・明確化するとともに、手続を柔軟化。
　○以下を要件に、同一業務区分内での本人意向による転籍を認める。
　　・同一機関での就労が1～2年（分野ごとに設定）を超えている
　　・技能検定試験基礎級等及び一定水準以上の日本語能力に係る試験への合格
　　・転籍先が、適切と認められる一定の要件を満たす

出典：厚生労働省「改正法の概要（育成就労制度の創設等）」

【現場からの声：ホライゾンヒューマンインベストメント株式会社】
特定技能の登録支援機関に現状を聞いてみた

　登録支援機関として特定技能に関わるサービスをワンストップで提供している青森市のホライゾンヒューマンインベストメント。フィリピン、ベトナム、ネパール出身のスタッフを束ねる工藤慎也社長にお話を伺いしました。

■特定技能とはどんな制度でしょうか。

　特定技能とは、2019年4月より導入された新しい在留資格です。日本国内において人手不足が深刻化する14の業種で、外国人の就労が解禁されました。

　下記の14業種の仕事は、単純労働を含むことから、これまでは外国人の雇用が難しい状況でした。しかし、これらの業種においても、少子高齢化の影響は非常に深刻で、国内では十分な人材が確保できないということから、外国人の就労を認める在留資格の創設が検討されることになりました。

・建設業	・農業
・造船・舶用工業	・漁業
・自動車整備業	・飲食料品製造業
・航空業	・外食業
・宿泊業	・素形材産業※
・介護	・産業機械製造業※
・ビルクリーニング	・電気電子情報関連産業※

※ 2022年、この3業種は統合され、「素材形・産業機械・電気電子情報関連製造業」となりました。

　特定技能は1号と2号の2種類に分かれており、それぞれ制度としての特徴があります。

　特定技能1号は、特定産業分野に関して、相当程度の知識や経験が必要な技能を持つ外国人向けの在留資格です。取得するためには、日本語試験、および特定産業分野に関する技能試験に合格する必要があります。在留期間の上限は通算5年で、更新期間は1年・6か月・4か月です。特定技能1号では、外国人労働者の家族の帯同は認められておりません。

　特定技能2号は、特定産業分野に関して、熟練した技能を持つ外国人向け

の在留資格です。基本的に、特定技能1号の修了者が希望した場合の次のステップとして用意されています。在留期間は3年・1年・6か月ごとの更新で上限はなく、要件を満たせば配偶者や子供の家族帯同が可能です。

なお、特定技能2号の受入れ対象分野は「建設分野」と「造船・舶用工業分野の溶接区分」のみでしたが、2023年6月9日の閣議決定により、以下の分野が追加されることになりました。

- 農業や宿泊業、外食業など特定技能2号では対象外となっていた9分野（介護を除く）
- 造船・舶用工業分野の溶接区分以外の業務区分

■どのような地域や職種に特定技能労働者を紹介していますか。

地域としては、北海道、東北、関東、中部、中国、九州となっております。職種は、農業、畜産業、飲食品製造業、建設業、造船業、ビルメンテナンス業、外食業です。ちなみに、国籍はフィリピン、ベトナム、ネパールとなっております。

■特定技能労働者の働きぶりは？

全体的に皆さん頑張っております。幸い弊社では、技能実習制度で見られる失踪、刑事事件、不法就労などの問題は起こっておりません。技能実習からの切り替えにより特定技能にて就労されている方の中には、自ら関連業務についての技能資格取得や、日本語レベルの向上を図るために、N3～2レベルの検定試験を受験された方も多くいらっしゃいます。

すでに特定技能2号の試験に合格し、日本で長く勤務する方も誕生しています。配偶者や子供を呼び寄せることで、心理的な不安も軽減され、仕事への熱意も深まっていくことと思っています。

■特定技能労働者を雇用する際の難しさは。

まず雇用する側の難しさとしては、制度自体がまだ新しいため、制度の理解と手続きに時間を要する場合が多いことと、使用者の求める技術水準と労働者との間にミスマッチが生じて、早期退職に至ってしまうことが稀に発生してしまうことです。

次に特定技能労働者側の難しさとしては、技能実習制度の延長としてとらえる方が多く、自分で能動的に行動することに慣れていない方が多いという点です（特定技能では、日本人労働者と同じ働き方が求められることを理解できていない）。また、職場へ溶け込もうという努力をせず、安易に転職しようとする方が散見されることです。

最後に労使双方への脅威として、国際環境の変化も挙げられます。最近の円安で、勤務先として日本を避ける外国人労働者が増えています。また、日本の代替地としてニュージーランド、オーストラリア等が挙げられますが、これらの国々の外国人労働者受け入れ政策からも間接的に影響を受けます。直近では、日本に来る予定になっていたフィリピン人労働者が、円安を嫌いニュージーランドへ行くことに変更したのち、ニュージーランドの受け入れ政策の変更により、また日本へ来ることになった、等の事例があります。

■地方における外国人雇用の現状と今後について。

現状としては、全産業において人手不足は深刻です。出生率の低下に伴い改善する見込みはないため、外国人雇用に対する需要は人口減少率の高い地方で、今後ますます増えていくものと思われます。

しかし、東京一極集中が是正されない中で、外国人労働者の働きたい場所は東京近辺がもっとも多いのが現実です。これは、東京がもっとも賃金水準が高く、就労可能な企業数が多いことに起因します。

また、世界における東京のブランド力（外国人労働者側から見ると、東京で働いた場合、母国の家族が安心する、などの副次効果がみられる）も寄与するところが大きいところです。

地方が外国人雇用を進めていくためには、経営戦略レベルで、外国人との協働に向けた環境整備や経営者のみならず従業員のマインド育成が必要だと思っています。また、公的部門でも過疎化対策の一環として外国人労働者に対しての魅力発信などを行っていくことが大事だと考えています。

独自性の強い福利厚生制度を導入

(1) 従業員の事情に考慮した福利厚生制度

　近年、福利厚生の中身を重要視して応募を決める若者が増えてきました。昔ながらの社宅や保養所といった大がかりなものより、特別休暇や健康サポートといった実務的なニーズが高くなっています。会社のカラーや思いが反映されるのが福利厚生ですから、そういった側面からも見て、その会社を判断しているのかもしれません。

　そこで筆者がオススメしたいのはペットの福利厚生制度です。ペットを飼っている人の愛犬・愛猫への想いは強烈です。筆者も数年前から家族が飼いたいというので一匹の猫と暮らしています。今では完全に家族の一員です。

　でも、病院に連れていったり、お金がかかったり、亡くなったときは休みたい気持ちになります。そんな中、ペットの福利厚生制度のある会社があれば、「ここで働きたいな」と思っても何ら不思議ではありません。ペットを飼っている人限定だからこそ、そこに強い訴求力が生まれ、求職者への強いアピールが可能となります。もちろん、定着率向上やモチベーションアップにも一役買ってくれます。

　ペットの飼育頭数は15歳未満人口よりも多く、従業員に対する手当や休暇等の制度をペットにも適用する流れが起きつつあるのも必然の流れとも言えます。が、導入に至ってはハードルの高いものもあり、また現在の制度とのバランスや悪用対策、就業規則の規定も必要となります。

　なお、福利厚生の効果は採用や定着、生産性向上と多岐にわたり、ペットの福利厚生制度については特に採用面での効果を考慮し、ここで紹介しています。

　あくまで独自性のある福利厚生制度の一例ではあります。もちろん、ペットの福利厚生でなくても結構です。自社に合った制度の導入を検討してみてください。今回はその際の参考にしやすいように少し詳しく紹介させていただきます。

（2）制度導入のメリット・デメリット

●メリット

　ペットフード協会の全国犬猫飼育実態調査によれば、「生活に喜びを与えてくれる存在」として、猫は家族を抑えて1位（犬は家族に次いで2位）となっているほど、生活には欠かせない存在となっている飼い主も多いのです。このような状況を考えると、ペットも家族の一員だから会社としても適切に対応しましょう、といった流れになるのも自然ではあります。

　本題に入り、制度を導入した際のメリットは、求職者へのアピールと同時に、従業員満足度の向上にも効果があります。ペットを飼うことは喜びがある反面、実際にはお金もかかるし、お世話もしなければならず、特に仕事をしている方であれば通院等でかかる時間の捻出も気になるところです。そんな状況において、会社がペット手当やペット休暇を導入してくれれば、これほど嬉しいことはなく、やる気アップや生産性の向上、離職率低下にまでつながっていきます。

　また会社側は目立つ効果だけを求めがちですが、「会社がそこまで気遣ってくれている」と対象従業員が感じることも重要なポイントになるでしょう。

●デメリット

　デメリットとしては人件費が増加することです。ペット手当は1,000円〜5,000円が多いようで、それほど大きな金額ではありませんが対象者数が多くなってくると相応の負担となります。考え方として、シンプルに「ペットを飼っているとお金がかかるから」でも良いのですが、できれば費用対効果も含めて判断すると人件費の使い方も変わってくると思います。

　毎月数千円の負担で、対象従業員の気持ちはどう変化し、どのような好影響が生まれるのか。同じ金額の支給でも基本給とペット手当では、どんな違いがあるか。求職者にどの程度アピールできるか等を予測することが重要だと思います。

　また休暇を取得した分、労働時間は減少しますが、この辺も「休みを取れて助かったので明日から頑張ろう」といった気持ちになってくれると生産性等が向上し、結果として会社にもプラスとなります。

ほかデメリットとしては、不満やトラブルへの対応でしょうか。ペットを飼っていない従業員から、手当や休暇の不公平感やペット同伴時の鳴き声や匂いといったものが考えられます。前者は「ペットも家族」という認識で問題ないと思いますが、後者は難度が高いため、事前にどのような問題が考えられるのかシミュレーションしつつ、お試しでトライするのも一案と思います。

（3）ペット忌引き

犬および猫は、平均寿命が15歳前後と長いため、亡くなった際の辛さは想像に難くありません。ペットを飼いたいが今は飼ってない人にその理由を聞いた調査（ペットフード協会）では、「死ぬとかわいそうだから」という理由が犬・猫とも4位であり、亡くなった際の飼い主の心情を表しています。ペットロスをなるべき低減させることが、この規定の目的とも言えるでしょう。

ペット忌引きは、原則通りの無給（ノーワークノーペイ）であれば導入しやすい規定のひとつです。下記規定例はあくまで見本ですが、ほかの忌引き日数とのバランスが大事になります。もし足りない場合は有給休暇の取得も視野にいれると使いやすいでしょう。また形式上、証明するものとして火葬時の領収書や保健所への死亡届（犬は義務）の控えを提出してもらうと良いでしょう。

（特別休暇）
　第〇条　従業員が次の各号に掲げる事由に該当し、会社がその必要を認めたときは、当該各号に定める日数（原則として連続する暦日数）の特別休暇を与える。
　　一　本人が結婚するとき…結婚式又は入籍のいずれか遅い日から起算して〇か月以内の5日
　　二　子が結婚するとき…子の結婚式当日を含む2日
　　三　妻が出産するとき…出産予定日又は出産日を含む2日
　　四　父母、配偶者又は子が死亡したとき…死亡した日から5日
　　五　祖父母若しくは配偶者の父母又は兄弟姉妹が死亡したとき…死亡し

た日から 2 日
　六　飼っている犬及び猫が死亡したとき…死亡した日から 1 日
　七　その他前各号に準じ会社が必要と認めたとき…会社の認めた日数
2　前項の特別休暇の期間は無給とする

（4）ペット休暇

　ペットは人間とは違う絆ができ、ならではの純粋さで癒してくれます。だからこそ、子供と同じように病院に連れて行くのですが、このあたりの休暇日数も人間とのバランスが重要で、育児・介護休業法で義務付けられている子の看護（等）休暇を参考に決めるといいでしょう（1 年度につき 5 日間）。
　また、「自分の通院にも特別休暇が欲しい」との意見も出てきそうですが、本人は付き添いが不要のため、必要な際は有給休暇などで対応してもらっても納得がいくと思います。ちなみに日曜日も診療している動物病院はあります。ただ、午前中だけだったり、ひときわ混んでいたりするため、平日に行きたいという飼い主も多くいるようです。

（特別休暇）
　第〇条　従業員が次の各号に掲げる事由に該当し、会社がその必要を認めたときは、当該各号に必要な時間又は日数の特別休暇を与えることができる。
　一　従業員が自ら職業に関する教育訓練を受けるとき。
　二　業務に必要な職業能力検定等を受けるとき。
　三　疾病の感染を予防する必要があるとき（第〇条の就業禁止に該当する場合を除く。）。
　四　天災事変等によりその者の出勤が困難又は危険なとき。
　五　犬及び猫を飼っている従業員は、申出により、負傷・疾病・予防接種等により犬及び猫を病院に連れていくために、一年度につき 2 日間を限度として特別休暇を取得できる。
　六　その他会社が必要と認めるとき。
2　前項の特別休暇の期間は無給とする。

(5) ペット扶養手当

　この手当は毎月支給されるだけに、いくつかの注意が必要となります。まず、現状で家族手当を導入していない会社は人間との整合性が取れないため、先にそちらを検討するべきでしょう。いくらにするかも悩むところです。一般的には前述したように1,000円～5,000円が多く見られ、また頭数に関わらず一律の会社の方が多い印象を受けます。

　規律を考えると手続きもきちんと実施しなければなりません。例えば、飼い始めたら名前や種類、写真を添付した申請書を提出してもらい、飼わなくなった時もそのような手続きをしましょう。人間と違って社会保険の扶養者異動届等が発生しないため、規定にも入れた方が望ましいでしょう。

　また、犬・猫以外のペットを飼っているが対象にはならないのか、といった質問も想定されます。犬・猫は人間と意思疎通を図ることができるコンパニオンアニマル（伴侶動物）と考えられているとともに、夜間診療を実施していない動物病院でも緊急時には犬・猫に限り対応していたりするため、そこは犬・猫限定ですとしっかりお伝えしましょう。もちろん会社によって範囲を広げるのは自由です。

　（ペット扶養手当）
　　第〇条　犬及び猫を飼っている従業員には、頭数に関係なく月額0000円をペット扶養手当として支給する。ただし、同居している親族がメインで飼っている場合は対象外とする。また当該ペットを飼った際および飼わなくなった際は、速やかに会社に届出をしなければならない。

(6) ペット同伴出勤

　「高齢でお世話をしないといけない」、「家に誰も居ないので心配」、といった理由から、ペットも一緒に出勤し、勤務中は社内にいるという、もっとも難度の高い福利厚生です。原則として事務系の仕事は対象になり得るものの、外仕事はそもそも無理があるし、お客さんが来店する店舗系も難しさがあります。

　例えば、店舗兼住宅の美容室で猫を飼っているケースを見かけます。お客

さんの了解を得るのは必要と思いますが、ほかにも注意すべき点があって、「理容所及び美容所における衛生管理要領」において、「(5)施設内には、みだりに犬(身体障害者補助犬を除く。)、猫等の動物を入れないこと。」と規定されていて、法的に問題がないのかも事前に調べなければなりません。

　導入する際もいくつかの問題が出てきます。多少のお世話は労働時間とするのか、アレルギー体質の従業員はいないのか等を決めたり確認したりする必要もあるし、ペットの可愛さで業務が散漫になる可能性もあるため、服務規律的な規定も必要でしょう。またトイレやエサの問題、予想外のトラブルが発生した場合などを想定し、就業規則に規定し周知しておくことをオススメします。犬は活発なため、どちらかというと猫の方が導入しやすいのかなと思います。

　(ペット同伴出勤)
　　第○条　従業員から申し出があり、会社が必要と認めた場合には、従業員が飼っている犬及び猫と一緒に出勤をすることができる。
　　　一　トイレや餌等は各自が準備をし、ほか従業員の業務を妨げてはならない。
　　　二　必要最低限のお世話は勤務中においても認めるが、業務の妨げにならないように努める。
　　　三　アレルギー体質の従業員がいないか事前に確認すること。
　　　四　トラブルやクレーム等が発生した場合、会社及び従業員は解決に向けて真摯に取り組むが、それでも解決しない場合はペット同伴出勤を取りやめる場合がある。

　昨今、多くの職種で人出不足が顕著となり、あの手この手で魅力ある会社、選ばれる会社像を多くの経営者が模索していると思います。給与や休日といった労働条件の向上も効果的ではありますが、会社の思いの詰まった福利厚生は、時にはそれ以上に働く人々に響くことがあります。今回はペットを取り上げましたが、会社や従業員によって事情は異なります。ぜひ独自性の強い福利厚生制度を検討してみてください。

【現場からの声：A-VENTURES株式会社】
地方の採用コンサルタントに現状を聞いてみた

　青森市で企業の経営をサポートしているA-VENTURES株式会社。近年ニーズの高い採用コンサルを担当しているリクルート出身の小笠原咲絵さんにお話を伺いました。

■「地方」における採用の現状を教えてください。

　新卒採用・中途採用において、都市部・地方問わず、求職者の「検索力」が高まっていると感じています。求職者はWEB上で会社の情報を検索し、内容を見極め、他社と比較をしてようやく応募という「アクション」に至ります。

　そんな求職者は普段から飲食店の予約には食べログ、旅行ならじゃらん等、様々な種類の比較サイトを使いこなし、お店を予約したり商品を購入したりしています。そのような日常の検索習慣を転職活動にも活かして会社情報や求人情報を検索し、比較検討しています。

　いっぽう、青森の会社の課題は、そのような動き方をする求職者にとって十分な情報発信ができていないという点にあります。例えば青森市内のA社で営業職の社員募集をしていたとします。そのような求職者はindeed等の求人検索サイトで「青森市×営業」といったキーワードで検索をします。その結果一覧の中にA社の求人が表示され、十分な情報がそこに掲載されている状態であるかどうかが肝心です。

　そこに表示されなければ、「求人していない」と見なされても仕方ありません。また、単に求人情報が載っていれば良いという訳ではなく、常に他社との比較の中にありますので、他社の求人情報と比べてより「応募したい」と思える条件・内容・魅力のある内容となっているのかどうか？という観点も大事になってきます。

　加えて、知名度がある会社や、仕事の内容がイメージのつきやすい職種であれば、求職者は求人情報のみを見て応募するという「アクション」をとることができます。いっぽう、会社名も知らない、仕事内容もあまり身近でないという場合は、追加で情報を得るために会社ホームページやＳＮＳでさら

に情報を知ろうと検索をかけます。

　その際に、会社ホームページに求職者が知りたいと思う情報があり、会社や仕事内容をより魅力的だと感じ、「もっと知りたい」、「話しを聞いてみたい」と思ってようやく応募することができるのです。

　そのような観点で青森の会社のホームページを見ていると、会社の事業内容やサービス内容、あるいはその会社のお客様・消費者に向けた情報は十分載っていても、「働く人」に関する情報や、「応募を検討している人」に向けたメッセージが載っていることはあまりありません。

　仕事をする、会社に入社する、というのはモノを買うこと以上に不安がつきまとうことであり、応募するということは勇気が必要なことです。そのような不安や迷い、あるいは期待をもってホームページを訪れる求職者の目線に立って情報発信をしていただきたいと考えています。

　補足としてどのような情報があると良いのか？ということをお伝えすると、「働く人のインタビュー」はぜひ掲載いただきたいです。その会社で、何歳くらいの方がいて、どのようなきっかけで入社をして、入社してからどのような仕事をしているのか、どんなことが仕事のやりがいであり、どんな苦労があるのか？といったようなことをぜひインタビュー記事の中に含めて欲しいと期待しています。

　採用ホームページの項目としては会社のビジョンや事業内容、経営者のメッセージ等様々なコンテンツが考えられますが、「働く人の声」は、採用ホームページ上での滞在時間を分析しても長く見られているページであることが多いと言われています。応募を考えている求職者が目にして「この人のように自分も働きたい」、「この人たちと一緒に働いてみたい」、「自分もこの仕事はできそうな気がする」といったポジティブなイメージを描けるような情報発信をしていただくことをオススメします。

　もしも現状で採用ホームページが無い場合や、ページの追加が契約上難しいという場合は、リクルートが提供している「Airワーク採用管理」の導入をオススメします。これは原則無料で採用ホームページが作れ、その後の応募管理までできるクラウドツールとなります。

　ただ、注意いただきたいのは単に情報羅列しただけでは応募効果を出すこ

とができないという点です。しっかりと同業他社と比較し、自社の特徴や魅力、社員の写真や生の声を掲載してようやく安心して求職者が応募できるサイトになります。

しかし、私が県内企業にお伺いし、採用情報をWEB上に掲載していくことをオススメしても、「そうはいっても自分の会社の魅力なんか客観的に表現できない」という声を耳にします。確かにその通りで、例えば自分の性格や長所短所を文書でまとめろ、と言われても難しいものです。

そのような場合は、まずは社員にインタビューを行い、自社を選んだ理由や、働き続けている理由について聞いてみることをオススメします。どんな会社でも、働く社員がひとりでもいるのであれば、会社の魅力は必ず見つけられると思います。社員の声を基に、「求職者にとって、どのような自社情報が魅力的に映るのか？」ということを、ぜひ分析してみていただきたいです。

ちなみに、「(求職者が)面接まで来てくれれば、会社の良さを伝えられるんだけどね」と語る経営者も多くいらっしゃいます。確かにその通りなのですが、面接まで来てもらうには、先ほどお話ししたような行動が必要となってくるのです。

ここまでお伝えしたのは「採用広報」の話ですが、いかに「応募してもらうか」を考える策はほかにもまだまだありますので、気になる方は是非お話しましょう。

■「地方」の会社が労働力減少社会を乗り切るためのアドバイスをお願いします。

労働力減少はもうすでに地方の課題です。

青森の会社にお伺いすると「40〜50代が元気で会社の事業を支えているけれど、中間層の30代が薄く、高卒新卒で入社して数年の20代前半の社員が数名いる」といったような年齢構成の会社が多い印象です。今は事業が回っていても、10年後〜15年後を想像すると危機感が募り、「何とかしなければ…」と頭の片隅で考えている経営者が多いと感じています。採用活動が会社の「緊急ではないけれど重要な課題」となっているケースです。

そのような会社の経営者の方にお伝えしているのは、「採用活動の優先順位を上げてください」ということです。

地方企業の経営者はおひとりで何役もの役割を担っています。営業も、現場管理も、財務も、そして採用もご自身でマルチタスクを何とかこなして日々を乗り切っていらっしゃいます。そのように複数兼務されているような経営者の方に、採用活動だけを切り取って優先順位を上げて欲しい、というのも難しいことであるということも理解しています。

　しかし、今から手を打たなければ、採用活動に取り組み始め、ノウハウを社内で構築し、採用が成功、そして定着・活躍していくという未来は待っていても来ません。ひとりで、あるいは社内で何とかしようというのではなく、社外のリソースに目を向け、私たちのような外部企業とともに一緒に採用活動に取り組む体制を作ることも手法のひとつです。

　時間・労力・費用のいずれかをかけて、採用活動に向き合っていただきたいと思っています。ご自身の時間や労力があるようでしたら一定期間をかけて採用活動に注力することや、社内の人材に現在の業務と兼務という形で採用業務を担ってもらうということもひとつの打ち手だと思います。

　労働力減少は1社で解決できるものではなく、どの会社もそれぞれに悩んでいます。1社1社が努力をすることはもちろんですが、地域企業同士が連携したり、業界団体がハブになり企業を取りまとめながら、情報共有をしたり、打ち手を講じていくことが今後ますます必要になると思います。

【現場からの声：ディーシーティーデザイン】
地方のHP&SNSの専門家に聞いてみた

　青森市でホームページ制作やSNSサポートを行っているディーシーティーデザイン代表の蝦名晶子さんにお話を聞きました。

■地方のホームページの現状はどんな感じでしょうか。
　企業のリクルート戦略は多様化しています。「マイナビ」を活用しPRしている企業、自社サイトで「リクルート専用サイト」を公開している企業、自社サイトに募集要項だけを掲載している企業など、それぞれが異なる方法で求職者にアプローチしています。

・「マイナビ」を活用している企業

　登録会員数約80万人（マイナビ2024会員実績）を誇る「マイナビ」は、求職者にリーチするための強力なツールです。国内最大規模の合同会社説明会、グローバル採用、新卒紹介サービスなど、多彩なオリジナルサービスを提供しています。掲載料が高額であるため、利用できる企業は限られるかもしれません。

・自社サイトで「リクルート専用サイト」を公開している企業

　近年、増加傾向にあります。自社サイトは通常、製品利用者や取引先に向けた情報発信が主ですが、リクルート専用サイトは異なります。商用目的の企業PRと、リクルート目的の企業PRは目的が異なり、後者は企業の魅力を内部から発信することに重きを置きます。このような背景から、「リクルート専用サイト」を立ち上げる企業が増えています。

・自社サイトに募集要項だけを掲載している企業

　依然として多くの企業がこの形式を採用しています。自社サイトの主要目的が異なるため、求職者に企業の魅力を十分に伝えきれていないケースも多いようです。また、「ハローワークに掲載しているから大丈夫」と考える企業も多く、伝統的な手法に依存し続ける傾向があります。

　このように、各企業はそれぞれのリクルート戦略で自社の魅力を発信し、優秀な人材を惹きつけようとしています。

■地方のSNSの現状を教えてください。

　企業のリクルート戦略におけるSNSの活用も急速に広がっています。企業は、Instagramを通じてイメージアップや活動報告を行い、若者向けにはLINE公式アカウントやX（旧Twitter）を駆使しています。これらのプラットフォームは、企業のブランド価値を高め、求職者とのエンゲージメントを強化するための強力なツールとなっています。

　特にInstagramでは、視覚的な魅力を活かして企業文化や職場の雰囲気を伝えることができます。ビジュアルコンテンツは直感的で分かりやすく、求

職者に強い印象を与えます。また、LINE公式アカウントは、若者とのコミュニケーションを密にするための効果的な手段です。リアルタイムでのやり取りや通知機能を活用することで、迅速かつパーソナライズされた対応が可能となります。

しかし、SNS運用には課題も存在します。多くの企業では、専任のスタッフが不足しており、SNSの運営がほかの業務と兼務されることが多いのが現状です。このため、SNSの更新が滞りがちであり、効果的な情報発信が難しいという声も聞かれます。特に中小企業にとっては、リソースの確保が大きな課題となっています。

効果的なSNS運用を実現するためには、戦略的なプランニングが不可欠です。コンテンツカレンダーを作成し、計画的に投稿を行うことで、更新の滞りを防ぐことができます。また、ユーザーエンゲージメントを高めるために、フォロワーとの双方向コミュニケーションを積極的に行うことも重要です。例えば、コメントへの返信やフォロワーの投稿をシェアすることで、親近感を持ってもらうことができます。

さらに、SNS広告の活用も効果的です。ターゲティング機能を駆使して、求職者の属性や興味関心に合わせた広告を配信することで、効率的にリーチを拡大することができます。これにより、企業の認知度を向上させ、応募者数の増加を図ることもできます。

このように、SNSは企業のリクルート活動において強力なツールとなり得ますが、効果的な運用にはリソースの確保と戦略的なアプローチが不可欠です。企業はこれらの課題を克服し、SNSを最大限に活用することで、より魅力的なリクルート活動を展開することができるでしょう。

また、SNSの活用は企業にとって不可欠な要素となっていますが、その効果を最大限に引き出すためには、計画的な運用とリソースの確保が求められます。

■**今後どのように活用していけばいいでしょうか。**

・自社サイトでの求人活動について

　自社の魅力を最大限に伝えるためには、「経営者の視点」と「従業員の視点」の両方が不可欠です。

●経営者の視点
　経営者は企業理念や今後の発展ビジョンを示す指標を決める役割を担っています。これをしっかりとアピールすることで、全社員が一丸となり、その目標に向かって進むストーリーが形成されます。具体的なビジョンや理念は、求職者にとって共感を呼び、企業への信頼感を高める要素となります。

●従業員の視点
　現場で働く従業員のリアルな声は非常に貴重です。採用試験を受けた理由やきっかけを共有することは、学生や求職者にとって非常に参考になります。例えば、インターンシップで実際に体験してから入社を決めた人、学校の先生に勧められた人、自ら企業のウェブサイトを見て魅力を感じた人、テレビCMを見て応募した人など、そのきっかけは様々です。これらのエピソードを通じて、求職者が自分の経験や生活パターンとマッチするストーリーを見つけることで、「共感」が生まれ、応募の動機づけとなります。

　リクルートサイトで提供すべきもっとも重要な要素は「共感」です。求職者が「わかる、なるほど」と感じるようなコンテンツを掲載することで、彼らの興味を引き、行動を促すことができます。次に求職者が行うのは「比較・検討」です。興味を持った職種や企業について、より良い条件を求めて探し始めます。このときに重要なのが「コンテンツの量と質」です。短文では伝えたいことが十分に伝わりませんし、長文であっても内容が充実していなければ、比較対象にすらならないことを念頭に置く必要があります。
　さらに、視覚的な情報も極めて重要です。人間は視覚から得る情報が約8割と言われています。フリー素材ではなく、実際の現場や従業員の写真を使用することで、より強力なアピールポイントとなります。これにより、求職者に企業のリアルな姿を伝え、深い共感と信頼を得ることができるのです。

このように、共感を生むコンテンツと質の高い視覚的情報を提供することが、リクルートサイトの成功に不可欠です。

・SNSによる求人活動について

SNSを活用した求人活動では、特に「従業員の視点」が重要です。企業のアピールポイントは人それぞれ異なり、様々な従業員が多角的な視点から企業の魅力を発信することが大切です。十人十色の意見や体験を全て掲載し、誰かがどれかに共感してくれれば、それは成功です。「こんなことでいいの？」という内容でも、意外と大きな反響を呼ぶことがあります。

InstagramやX（旧Twitter）を活用する際には、ハッシュタグの選定に工夫を凝らしましょう。流行のトレンドや内容にマッチしたハッシュタグを選び、ひらがなや英語など、実際に検索してもっとも効果的なものを確認することが重要です。日々、人気のある投稿をチェックし、分析することで、より効果的なSNS運用が可能になります。

このように、自社サイトとSNSを組み合わせて活用することで、企業の魅力を最大限に伝え、求職者の共感を得ることができます。効果的な情報発信と戦略的なコンテンツ制作により、より多くの優秀な人材を惹きつけることができるでしょう。

これにより、自社サイトとSNSを通じて求職者にアプローチする際の重要なポイントが強調され、内容がより充実したものになります。

第3章

これからは離職率の減少に
全力投球すべし（定着支援）

新規採用のハードルが上がっている今、地方は特に退職者を出さないことに注力する

（1）離職の鉄板3理由をおさらい

　退職する理由について、多くのアンケートで上位に挙がるのが「労働条件」、「人間関係」、「やりがい」の3つ。皆さんも何となく認識されているのではないでしょうか。全国的に鉄板3要素と言っても差し支えない理由ですが、今回はもう少し具体的にイメージしてもらうために、岩手県で実施した若年者雇用動向調査から「転職しようと思っている理由」を一緒に見ていきましょう。対象は34歳以下となります（図表5）。

　まず労働条件の部分をみると、「賃金の条件がよい企業にかわりたい」がもっとも多く1番目、2番目に「労働時間・休日・休暇の条件がよい企業にかわりたい」となっています。賃金が高い、残業が少ない、休みが多いといった会社に人気があるのは必然のことであり、皆さんも常日頃からこのあたりの労働条件の改善や待遇向上に努めていると思います。

　一般的なほかのアンケートでも今回のように「賃金」がトップに位置するケースが多いと思います。ただ、20代を中心とした若手は、「賃金よりプライベートな時間を大事にしたい」というニーズが強く、「労働時間・休日・休暇」が1番にランクインするケースがあります。ただ、34歳以下を対象にした今回アンケートでは「賃金」にこだわる人が多かったようです。これには都市部と比べ賃金水準が低いという背景があるのかもしれません。

　ひとくくりに労働条件とはいっても、年代によって異なることを認識していただければと思います。また、福利厚生を充実させ、従業員満足度の向上に努めている会社も多いと思います。

図表5　転職しようと思っている理由（複数回答）

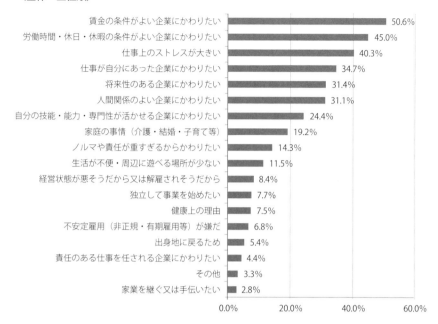

出典：いわてで働こう推進協議会「令和元年度 岩手県の若年者雇用動向調査」

（2）疎かになっているやりがい

　「やりがい」も仕事を続けていく上では重要です。今回は4番目の「仕事が自分にあった企業にかわりたい」が該当するでしょう。忙しいと目の前の仕事をこなすだけになってしまい、やりがいを感じる機会は少しずつ減っていきます。そんな状態においても経営者はやりがいを感じさせなければなりません。

　有名な「教会をみせる」という話を参考にしてみてください。3人のレンガ職人がレンガを積み上げていました。旅人が何をしているのかと訪ねると、1人目の職人はつらい表情で、「レンガ積みだよ。暑い日も寒い日も大変だよ」。2人目の職人は必死な表情で、「大きな壁を作っている。おかげで家族を養えるからありがたいよ」。3人目の職人は嬉しそうな表情で、「大聖堂を作っているんだ。歴史的建造物に関われて楽しいよ」。

今の仕事が何につながっているのかを意識することで、単純な作業でもやりがいが大きく変わってくるという事例です。自分達の仕事の目的は何なのか、今一度、再確認してみてはいかがでしょうか。
　そのほか、「適度なストレスを感じる仕事を与える」、「まかせ切る」なども効果的です。また、「承認欲求を充たす」ことも大事です。同じような作業を繰り返す業務はやって当たり前と思われがちですが、無関心では社員の承認欲求は充たされません。社員のささいな努力や成長を見逃さず、「認める」、「褒める」ということを意識的に実践することをオススメします。

（3）人間関係のこじれを見逃さない

　「人間関係のよい企業にかわりたい」が6番目に挙がっています。相手との関係がこじれたまま仕事をするのは大きなマイナス要素です。業務の連携がうまくいかず、効率やモチベーションも上がらず、最後は我慢の限界がくると退職にまでつながっていきます。
　筆者の関与先でもパワハラチックな社員がひとりいるだけで数名が退職して経営に多大な影響を与えたケースもあり、人間関係には経営者や上司が目を見張らなければなりません。小規模事業所では経営者の意識だけでかなり改善されるため、まずはそこから初めてみてはいかがでしょうか。
　また2022年4月から中小企業においてもパワハラ相談窓口の設置が義務づけられました。上司のパワハラで悩んでいる社員は多く、そのような窓口が社内もしくは社外にあることによって、相談・解決につながることは結果として会社にも有益です。窓口が未設置の会社は早めに設けましょう。

（4）地方ならではの理由？

　今回は退職理由鉄板3要素のほかに、「仕事上のストレスが大きい」が3番目に入っています。地方と都市部では働く人の性格も変わってくるため、もしかすると地方ならではの理由なのかもしれません。具体的に仕事上のストレスを考えてみると、9番目に「ノルマや責任が重すぎるからかわりたい」が入っているため、それ以外の理由となるようです。
　そこで「職場・仕事で、ストレスを感じるのはどのようなことですか」の

調査結果をご覧ください(図表6)。1位が「仕事の進め方が非合理的、慣習的」、2位が「仕事量が常に多い」です。とりわけ地方の会社は、"あまり変化を好まない"、"人手不足でいつも忙しい" といった傾向があるため、常に改善やデジタル化を心がけ効果的・合理的に作業を進めることにより、課題である人手不足にも対応できるようになります。

3位の「業務に偏りがあり不公平」も平準化できるよう経営サイドを中心に改革する必要があります。4位の「評価や待遇が不満」については、次の「地方にオススメの評価制度活用法」で紹介しています。

図表6 職場・仕事で、ストレスを感じること

「職場・仕事でストレスを感じるのはどのようなことですか」についての回答

全体（n = 1712）	(%)	男性 n = 1021	女性 n = 691	男女差
1位 仕事の進め方が非合理的、慣習的	31.1	34.4	26.2	8.2
2位 仕事量が常に多い	29.8	30.5	28.9	1.5
3位 業務に偏りがあり不公平	26.3	23.8	30.0	6.2
4位 評価や待遇が不満	25.9	25.2	27.1	1.9
5位 急な仕事が多く、自分のペースで仕事ができない	24.4	25.7	22.6	3.1
6位 職場環境（空調、騒音、スペースなど）がよくない	22.6	20.8	25.3	4.6
7位 仕事に関する十分な情報がない（指示や情報共有が不十分）	20.0	18.9	21.7	2.8
8位 通勤ラッシュ、通勤時間が長い	18.4	19.8	16.4	3.4
9位 仕事に対する感謝の言葉や助け合いがない	17.2	16.1	18.8	2.8
10位 休憩や休暇を取りにくい（プライベート時間を確保できない）	16.2	14.1	19.2	5.1
世代間にギャップがあり話が通じない	7.4	6.3	9.1	2.8
ネット環境（接続、アップデートなど）がよくない	6.3	6.0	6.7	0.7
時間外のイベント参加（飲み会など）	4.8	4.2	5.6	1.4
IT機器の新機種・新機能への対応	4.0	3.8	4.2	0.4
責任のある仕事を任せてもらえない	3.4	3.2	3.6	0.4
その他	6.1	3.7	9.7	6.0

■ 男性の方が数値が高い
■ 女性の方が数値が高い

出典：株式会社プラネット※ 意識調査「Fromプラネット」
※日用品流通の情報基盤を運営

【現場からの声：株式会社テクノル】
社員が働きやすい職場環境を目指して！

　コピー複合機の販売を中心に事業を開始し設立40年を向かえたテクノル。社員が能力を100%発揮することにより模範困難性を高め、従業員満足度と顧客満足度を同時に達成すべく日々改革を推し進める同社の田中理子青森支店長にお話を伺いました。

■近年どのような状況でしょうか。

　最初は10数名の会社でしたが、今や全社で230名ほどになりました。当初、人の出入りはとても多く、なかなか人材が定着しませんでした。ただ、募集するとある程度のスキルを持った人材を確保できていたと同時に、新卒者も毎年10人程度は採用していたため、特に退職者を減らすための取り組みは実施していませんでした。

　しかし、近年は中途も新卒もなかなか採用が厳しくなってきています。さらに、営業・技術職ともにサービスの内容が複雑になってきていて、退職者が出ると就業時間内だけでは間に合わない場合もあります。

　また女性も男性も関係なく子育てをしていますし、親御さんの介護をしている社員もいるため、働きやすい職場環境を整えていきたいと考えています。

■どのような取り組みをしていますか。

　年に1回「モラールサーベイ」というものを実施しています。これは51の質問に対して社員が答えるというもので、例えば、「働きやすさはどうか」、「仕事に見合った処遇を受けているか」、「総合的にみたテクノルに勤めている満足度はどうか」などがあります。目には見えにくい社員のモチベーションや考え方、不満、改善策を"見える化"するために実施していて、そこから課題を発掘し対策を講じたり、各種制度を作ったりして、社員が安心して働けるようにしています。

　またフリーアドレスを実施しました。これは固定された席を作らず、好きな席で仕事ができるというものです。マンネリ化を防いだり、社員同士のコミュニケーションを図れたりと、今のところ評判は上々です。自由席のほか

に個室を4つ設けているため、集中して作業をしたいとき、打ち合わせをしたいとき、Web会議をしたいときなど、業務に合わせて利用することができます。

ほかには、部下が上司を評価する「相互評価」、上司と部下で実施する「能力育成面談」、人事評価後の「フィードバック面談」、社長が社員の意見を聞く「KOYOU会」、家族も参加する「運動会」や「BBQ」、幅広い「リフレッシュ研修」、お互い役職ではなく"さん"付けで呼び合ったりと、数多くの取り組みを進めています。

メンバーの健康にも注力していて毎年ストレスチェックを実施。何か抱えているものがないかを確認し、必要に応じて本人に声掛けをしています。

■どのような成果がありましたか。

今までは午前半休・午後半休という制度しかなかったのですが、モラールサーベイを経由して社員から「通院のため1時間遅く出社したいだけなのに半休だと損をした気分になる」との声があり時間休勤務制度を作りました。また、「家庭の事情で30分だけはやく帰りたいが半休取得なの？」との声がありスライド勤務制を作りました（通常8:30〜17:30の就業時間ですが8:00〜17:00などにスライド）。この制度に限らずモラールサーベイから色々な課題が出てくるため、常に新たな制度や仕組みを作っています。

また、20年ほど前から10連休の取得を実施しています。毎年ほぼ全員10連休を取得してリフレッシュや家族サービスをしています。こちらも会社で推進しているため、気兼ねなく休暇を取得でき、仕事を離れてリフレッシュできていると思います。

■難しいところはどこだったでしょうか。

実際に制度や推進内容を決定するのは社長ですが、モラールサーベイから出た課題の対応策を我々も考えなければなりません。その際、何が不満なのか、どうすれば解消されるのかを社員からヒアリングしています。ただし、いきなり聞いてもなかなか答えにくいと思われるため、日頃から社員の事をよく見ておくことが重要だと思っています。

■地方の会社へのアドバイスを。

　今までの社員はどちらかというと従順で終身雇用の中で働いていたと思います。しかし、今は自分がより満足して働ける会社への転職は当たり前になりつつあります。社員の会社基準（満足）は家庭生活を充実させながら安心して働くことができ、なおかつ自分の仕事も評価されることだと思っています。

　そのためには会社が常に変化をすること。日々改善意識を持って改革していかなければ、社員の満足度は向上していかないでしょうし、企業の存続も難しいのではと感じています。

仕事ができる人を退職させないために

（1）評価を接遇等に反映させよう

　図表6の4位にも上がっていた「評価や待遇が不満」。自身が、「今年はかなり会社に貢献した」と感じていても評価が低く給与が伸びないと不満が出ます。それが積もり積もると退職につながっていきます。

　実際、そのような理由で地元大手企業を30代前半で退職した経営者もいます。得てして、能力の高い人材にそのような傾向が見られます。会社が適切な評価をしていないか、従業員が過剰なのかは分かりません。そのため、人事評価制度を導入し公平な判断をしましょう、ということになります。

（2）地方で人事評価制度がうまくいかないワケ

　人事評価制度を導入し、スムーズに運用できれば望ましいことです。が、地方ではなかなかうまくいかないケースも珍しくありません。

　人事評価制度を進めた場合、年に1度、上司やマネージャーが評価を行い、その結果を等級制度に当てはめ賃金を変更します。まず難しいのは評価者が適正な判断ができているかということ。主観で決めていないか、無意識のうちに人間のさがとも言えるエラー（ハロー効果、寛大化傾向、中心化傾向、

倫理誤差、対比誤差など）に陥っていないかなど注意が必要です。

毎年、評価者研修を実施している会社があるいっぽうで、最初に一度開催したきりというケースも多くあります。評価者が適正に判断できないと、それこそ「成果を残したけど評価されない」という不満が残ってしまいます。

もうひとつ、人事評価制度の適切な運用には大きな労力がかかります。毎年評価者研修を実施して評価する・・・これだけでもかなりの時間が割かれます。それだけではなく、評価制度自体をマイナーチェンジして自社に合ったものに作り上げていく必要もあります。

地方は人出不足で目の前の仕事が優先になりがちです。そのような状態で、どの程度しっかり取り組むことができるでしょうか。評価制度にかけられる人員や時間が不足していて運用がうまくいかないという会社も多く存在する理由がここにあります。また、作成・運用する経費負担も見過ごせません。

（3）地方にオススメの評価制度活用法

筆者は、地方の会社において人事評価制度は経費と労力負担が多大すぎてあまり現実的ではないと思っています。もちろん、運用できている会社はそれで問題ないのですが、難しいなと感じている事業所にオススメするのは、一般的な賃金制度、等級制度、評価制度をそれぞれリンクさせるのではなく、評価制度だけで運用することです。

通常通り経営者や上司が評価シートを元に判定をしますが、その結果を経営者が理解し、"感覚"で定期昇給の金額を決めるというものです。あくまで最後は"感覚"となるのがポイントです。そもそも評価シートが無いときは、経営者が従業員の働きぶりを見ながら感覚で昇給額を決めていたと思います。そのような感覚＋評価シートで昇給額を決定するというイメージです。明確な評価の反映にはならないものの、従業員もある程度満足し、会社側も経費や労力を軽減できるため、地方では現実的な運用方法だと思っています。

ただ、店舗展開している会社では難しく、何らかの人事評価制度が必要と思います。

評価シートは「キャリアマップ、職業能力評価シート及び導入・活用マニュアルのダウンロード」でネット検索してもらえると、厚生労働省で提供して

いるツールを入手することができます。まずは簡単にトライできる方法から試してみてはいかがでしょうか。

【現場からの声：社会福祉法人徳誠福祉会徳誠園】
人事評価制度の難しさを聞いてみた

　青森市において障害者支援施設を運営している徳誠福祉会徳誠園。職員約50名をまとめ上げる風晴賢治園長にお話を伺いました。

■人事評価制度を導入した理由をお聞かせください。
　私が園長として来た9年前の雰囲気は、澱んだ空気感と自信がなさそうな職員の表情でした。そのような状況において、モチベーションの向上、目標の達成、法人・施設の理念や行動指針、スキルの底上げ、仕事への振り返りや、客観的な判断力を付ける等、プラス面が多いと思い導入を決意しました。

■導入前の労力はどの程度でしたでしょうか。
　前園長が残していった資料や評価表を活用しました。また、虐待防止のチェックリストも年2回実施していたため、それも活用しました。ただ、そっくりそのまま使用するのではなく、当園に合った独自な項目を入れたいと考えました。でも、項目が多くなり趣旨とはかけ離れた内容も含まれたため、取捨選択に苦労しました。

■導入した当初、どのような効果があったでしょうか。
　職員の評価の明確化、数値化にも効果があると考えていたので、理由付けのひとつにはなりました。
　しかし、あからさまに不服な態度をとったり、根拠を求められたこともありました。職員全員に対して明確な導入説明や内容の理解を得られていたのか、今、振り返ると充分ではなかったように感じます。

■現在、評価制度の運用がストップしている理由をお聞かせください。
　人事評価と人事考課の線引きが頭の中でなかなか整理ができず、結果として人事考課が中心になってしまいました。また、評価制度自体を自分自身が

完全に理解していないことや目先のことを優先してしまったり、簡潔に結果が出にくくついつい後回しになってしまったことが挙げられます。

■**今は職員評価をどのようにしていますでしょうか。**

　現在も、「虐待チェックリスト」への記入を年2回実施し、そのうち1回目は新年度が始まる頃に1年間の自己評価や目標も併せて全職員に提出してもらい、私と面談しています。その際、前年度の目標達成度合いを自己評価してもらっています。

　そのほか、勤務状態（欠勤、遅刻、心身の自己管理、提出物や書類期限の遅延がないか、記録の内容に不備がないか、外部者に対する接遇等）での評価、資格取得に向けての取り組みや研修への積極的参加意欲、また会議や委員会での発言内容や回数等も評価の対象になります。

　難しいのは、独自のアイデアで利用者への生活スキルを高めたか、利用者や職員との信頼度の高さ、笑顔、声掛けやコミュニケーションの度合い等、数字として評価に表れにくいポイントをいかに可視化できるかといった部分でしょうか。

　年2回、処遇改善等加算の分配の時期に当園・グループホームの幹部、管理者を入れて、上記の内容について個別に職員の評価をして、最終的には私が判断しています。

60代後半〜70代でも元気なうちは働いてもらう

（1）高年齢者雇用確保措置とは

　定年年齢を65歳未満としている会社は「高年齢者雇用確保措置」として、以下のいずれかを実施しなければなりません。
　①65歳までの定年年齢を引き上げ
　②希望者全員を対象とする65歳までの継続雇用制度を導入
　③定年制の廃止

　65歳までの定年年齢の引き上げを行うと、60歳時点で労働条件の見直しをすることができず、原則としてそのままの給与で65歳まで継続されていきます。定年の廃止であればなおさらです。労働条件はそのまま継続され、また従業員から退職の申し出が無い限り雇用しなければなりません。最近は人手不足が顕著となっているため、定年年齢を引き上げる会社も増えてきましたが、まだまだ人件費を抑制する観点から60歳定年、継続雇用65歳まで（もしくは70歳など）という事業所も多いと思います。

　なお、継続雇用制度は次のようなものがあります。

　●再雇用制度：定年でいったん退職とし、新たに雇用契約を結ぶ制度
　●勤務延長制度：定年で退職とせず、引き続き雇用する制度

　一般的には再雇用制度を選択するケースがほとんどです。例えば60歳定年、継続雇用65歳であれば、60歳の時点で一旦定年となります。そこから雇用契約を見直して、仕事内容に合わせた給与で雇用契約を結ぶことが可能となるからです（一般的に減額されるケースが多い）。ちなみに近年は継続雇用年齢を65歳ではなく70歳とするケースも増えてきています。

　地方の小規模会社では就業規則等が無く、とりあえずその場しのぎで運用している場合も多く見られます。これだと働いている従業員も分かりにくい上、会社側の雇用継続リスクもあり、あまりオススメできません。10人未満

の会社であれば就業規則作成義務は無いものの、例えば継続雇用規程といったものを作成し運用することをオススメします。次から継続雇用制度について注意すべき点をご紹介していきます。

（2）再雇用しなくても OK なケースとは

継続雇用制度は、定年後も引き続き働きたいと希望する人全員を対象としなければなりません。ただし、就業規則に定める解雇・退職事由（年齢に係るものを除く。）に該当する場合には、継続雇用をしないことができます。例えば、「継続雇用しない事由」として、「従業員が希望する場合であっても、次の各号のいずれかに該当する者については、定年をもって退職とするものとし、継続雇用は行わない。」とし、下記のような規定（一例）を定めることができます。

　①体調不良、心身虚弱等の状態が続き、職務に堪えられない、又は労務提供が不完全と認められるとき。
　②勤務意欲が低く、業務命令に従わず、これに伴い、勤務成績・業務能率全般が不良で、業務に適さないと認められるとき。

つまり、普通解雇事由に該当する従業員は定年をもって退職とすることができるのです。なお、解雇には客観的合理的な理由があり、社会通念上相当であることが求められると考えられるため、実施する際は慎重に進めましょう。

（3）高年齢者ならではの注意点および心身のケアは

ベテラン社員の知識や経験は組織としてプラスに働くことが多いいっぽうで、加齢による体力や記憶力の低下は避けては通れません。経験に裏付けられた知見や能力を存分に発揮してもらうためにも、高年齢者に合った労働環境を整備する必要があります。

まず健康配慮については、基礎疾患を持っている方の割合が高いものの、健康面においては個人差が大きいため、個別で対応する必要があります。定期健康診断を実施し、結果通知後、保健指導や専門医療機関への受診を促すことが大切です。要再検査になっても放っておく人がいます。健康でなけれ

ば仕事に専念することはできないため、会社からも粘り強く再三声がけしましょう。

　高齢になると労災事故にもより一層気を付けなければなりません。主に、「墜落・転落」、「転倒」、「重量物の取り扱い」で、重篤な労働災害が発生しています。特に体を動かす仕事の場合は、作業靴の適切な選定など、常に改善に努める必要があります。

　また、視覚や聴覚の識別力が低下してくるため、照明や音にも配慮が欠かせません。関与先に訪問すると、15.6インチのノートパソコンで作業している70代従業員を見かけることがあります。文字が小さいと眼が疲れミスも発生しやすくなります。PCを移動しないのであれば、デスクトップの24インチ程度のモニターに変更したり、サブディスプレイを設置するだけで見やすさは格段に変わります。本人から不便なことはないか聞き取りをしながら改善していただければと思います。

　そのほか高齢労働者ならではの心理的問題も考えられます。例えば定年後、給与が減少した上、役職を降りて権限が無くなるケースも多く、そうなると部下だった人々との人間関係も変わってきます。どう対応すればいいのか戸惑いもあるでしょうし、真面目な人であればあるほど心労が溜まりやすくなります。そのような状況を考慮し、経営サイドが面談をしたり飲みに誘ったりとメンタルをケアしてあげることも必要となります。

　戦力として欠かせない高年齢者の生涯現役を力強くサポートしていただければと思います。

（4）よく見かける1年契約にするワケ

　定年後に継続再雇用した際、有期契約（期間の定めあり）にするか無期にするか悩むところです。年齢を重ねると少しずつ能力や体力も劣ってくると考えられ、また実際あった話ですが注意力散漫により重大なミスを起こした関与先の従業員もいました。

　会社側のリスクを考えると、やはり1年の有期契約が望ましいと思います。これだと毎年更新の際に労働条件を見直すことができますし、そもそも能力や勤務態度によっては契約更新をしないという選択も可能となります。

　最近は人手不足の影響と元気なうちは働きたいという生涯現役社会の高ま

りにより、定年は60歳だが継続雇用70歳もしくはそれ以上といったケースも珍しくありません。そうなると、なおさら1年更新といった有期契約にしないと、本人が辞めると言うまで雇用しなければならなくなります。特段の事情がなければ、会社側としては有期契約が望ましいと思います。ただし、年齢のみを理由として契約を更新しないことは適切ではないと考えられます。

参考までに厚生労働省の「高年齢者雇用安定法Q&A（高年齢者雇用確保措置関係）」の該当部分を紹介しておきます。

Q1－4： 継続雇用制度について、定年退職者を継続雇用するにあたり、いわゆる嘱託やパートなど、従来の労働条件を変更する形で雇用することは可能ですか。その場合、1年ごとに雇用契約を更新する形態でもいいのでしょうか。

A1－4： 継続雇用後の労働条件については、高年齢者の安定した雇用を確保するという高年齢者雇用安定法の趣旨を踏まえたものであれば、最低賃金などの雇用に関するルールの範囲内で、フルタイム、パートタイムなどの労働時間、賃金、待遇などに関して、事業主と労働者の間で決めることができます。

　1年ごとに雇用契約を更新する形態については、高年齢者雇用安定法の趣旨にかんがみれば、<u>年齢のみを理由として65歳前に雇用を終了させるような制度は適当ではない</u>と考えられます。

　したがって、この場合は、
［1］65歳を下回る上限年齢が設定されていないこと
［2］65歳までは、原則として契約が更新されること（<u>ただし、能力など年齢以外を理由として契約を更新しないことは認められます。</u>）
が必要であると考えられますが、個別の事例に応じて具体的に判断されることとなります。

※下線は筆者による

(5) 更新する・しないの判断基準とは

　1年契約とした場合に関係してくるのが更新の際の判断基準です。一般的には以下の4項目で判断します。
　①契約期間満了時の業務量
　②本人の勤務成績、態度
　③本人の能力
　④会社の経営状況
　まず①契約期間満了時の業務量について、近年は人手不足が顕著なため、この項目に該当する可能性は低いと考えられるものの、それでも大口の取引先との契約が終わった、期間限定の業務が終了した等が該当するでしょう。
　②本人の勤務成績、態度は、実際に皆さんも心当たりがあるのではないでしょうか。仕事への取り組み方や性格は人によって異なるため、許容範囲を下回る従業員が出てくるケースもあります。これは高年齢者に限ったことではありませんが、継続的に注意をしても直らない場合もあり、その際はこの項目に該当し更新をしないという可能性もあると思います。
　③本人の能力も悩ましいところです。とりわけ高い能力を求めているワケではなく、会社側としては一定水準の職務遂行能力がほしいところですが、ほかスタッフより格段に能力が低ければ契約更新もためらうでしょう。
　④会社の経営状況については、ここ数年で経費増加や人手不足など、経営の難度が上がっています。もともと苦しい経営が続いていた会社であれば、今後さらに難しい状況となる可能性もあるでしょうから、この項目で更新をしないというパターンも考えられます。
　なお、雇止め（契約更新しない）をする場合、以下の労働契約者については少なくとも30日前までに、その予告をしなければならないため注意が必要です。
　・3回以上更新されている場合
　・1年以下の契約期間の有期労働契約が更新または反復更新され、最初に有期労働契約を締結してから継続して通算1年を超える場合
　・1年を超える契約期間の労働契約を締結している場合

(6) 60歳から1年契約で65歳（5年経過）になったら無期雇用になるのか

まずは無期転換ルールをおさらいしましょう。有期労働契約が通算5年を超えて更新された場合は、有期契約労働者の申込みにより、期間の定めのない労働契約（無期労働契約）に転換されます。図表7のように、例えば1年契約を5回（5年）更新すると、6年目から無期転換申込権が発生するため、従業員が「無期にしてください」と申し出ると、次回の更新から無期契約となります。この際、給与等の労働条件は同じでも問題ありません。あくまで有期を無期にしなければならないということになります。

図表7　無期転換ルール

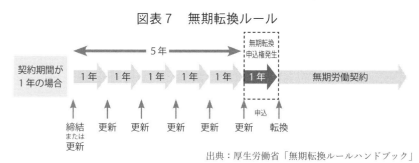

出典：厚生労働省「無期転換ルールハンドブック」

これが無期転換ルールです。これをそのまま高年齢者の有期雇用に当てはめると、仮に定年60歳、継続雇用70歳までの会社の場合、1年契約を5回更新し65歳になると無期転換申込権が発生し、66歳の契約から無期雇用としなければなりません。これだと会社の雇用リスクが高まります。そのため、「継続雇用の高齢者に関する無期転換ルールの特例」というものがあり、都道府県労働局長の認定を受ければ定年後引き続いて雇用される期間は無期転換申込権が発生しません（図表8）。

図表8　継続雇用の高齢者に関する無期転換ルールの特例

出典：厚生労働省「高度専門職・継続雇用の高齢者に関する無期転換ルールの特例について」

この認定は、雇用管理措置の計画を作成し、都道府県労働局長に申請する必要があり、また事業場ごとに作成するのではなく本社で一括して提出することとなります。

ちなみにこの特例は、会社に定年後引き続いて雇用される期間が対象となるため、例えば61歳のときに1年契約で新しく入社した方の場合は、5年経過すると無期転換申込権が発生するためご注意ください。

(7) 就業規則の規定例

定年時、継続雇用をするか否かを判断する規定を定めたいところです。「(2) 再雇用しなくても OK なケースとは」でも触れたように、継続雇用しない際は、就業規則に定める解雇・退職事由（年齢に係るものを除く。）に該当する必要があるからです。参考までに規定例を紹介しておきます。

（継続雇用しない事由）
第○条　前条の規定にかかわらず、従業員が希望する場合であっても、次の各号のいずれかに該当する者については、定年をもって退職とするものとし、継続雇用は行わない。
（1）私傷病によって労働能力を喪失したとき。
（2）体調不良、心身虚弱等の状態が続き、職務に堪えられない、又は労務提供が不完全と認められるとき。
（3）職務の遂行に必要な能力を著しく欠き、会社が行う体系的な教育、指導にもかかわらず向上が見込めず、他の職務に転換させることもできないとき。
（4）勤務意欲が低く、業務命令に従わず、これに伴い、勤務成績・業務能率全般が不良で、業務に適さないと認められるとき。
（5）特定の地位、職種又は一定の能力を条件として雇い入れられた者にもかかわらず、能力又は適格性に欠け、果たすべき職責が全うできないと認められるとき。
（6）勤務態度不良・協調性がない等、職場秩序を維持する意欲が認められず、会社が行う体系的な教育、指導にもかかわらず改善が見込めないとき。

（7）正当な理由のない遅刻及び早退、並びに欠勤及び直前の休暇請求が多く、職務懈怠により労務提供が不完全であると認められるとき。
（8）会社内外を問わず、暴力・暴言等社会的規範から逸脱した非違行為を繰り返し、従業員としての適性がないと認められるとき。
（9）重大な懲戒事由に該当するとき。
（10）前号に該当しない懲戒事由に該当する場合であって、改悛の情が認められなかったり、繰り返したりして、改善が見込めないとき。
（11）事業の縮小その他会社にやむを得ない事由がある場合で、かつ、他の職務に転換させることができないとき。
（12）天災事変その他やむを得ない事由により、事業の継続が不可能となり、雇用を維持することができなくなったとき。
（13）本人が死亡したとき。
（14）休職期間が満了しても休職事由が消滅しないとき。
（15）本人の都合により退職を願い出たとき。
（16）役員に就任したとき。
（17）従業員の行方が不明となり、1か月以上連絡がとれない場合であって、解雇手続をとらないとき。
（18）その他、退職につき労使双方が合意したとき。

出典：岩崎仁弥・森紀男『7訂版 リスク回避型就業規則・諸規程作成マニュアル』日本法令、2019年

　また、1年契約を更新する際の判断基準も就業規則に定めましょう。参考までに規定例を紹介しておきます。雇用継続の有無は従業員にとっても影響が大きいため、更新する際の労働条件通知書にもしっかり記載しましょう。
　前述した、「60歳時に継続雇用しない事由」と、この「1年契約を更新する際の判断基準」の規定について、どっちを指しているのか分からないあいまいな規則があります。誤解のないよう明確に規定しましょう。

（定年等）
　第○条　嘱託としての労働契約は、最長1年間の有期労働契約とし、会社は、当該労働契約の更新に際しては、次の各号に掲げる判断基準により、

次期契約の有無を判断するものとする。
（1）契約期間満了時の業務量
（2）本人の勤務成績、態度
（3）本人の能力
（4）会社の経営状況
2　更新後の労働契約に係る労働条件は、更新の都度見直すものとし、嘱託が会社の提示する労働条件に合意した場合に限り、新たな労働契約を締結するものとする。

出典：岩﨑仁弥・森紀男『7訂版 リスク回避型就業規則・諸規程作成マニュアル』日本法令、2019年

　いかがでしょうか。高年齢者を雇用する際のイメージが沸きましたでしょうか。人手不足の影響もあり、とくに地方は今後ますます生涯現役社会感が強まっていきます。元気な高齢者は年齢に関係なく仕事をする時代になりつつありますが、その分、会社もリスクや配慮が必要となります。WIN-WINになるような、規定と労働環境を整備していただければと思います。

働き盛り世代の命を守る

（1）平均寿命全国最下位の青森県の課題とは

　地方は自然が豊富で水や空気も美味しく長生きをする人が多数・・・何となくそんなイメージを持っている方も多いのではないでしょうか。ただ、データをみるとそんなことはなく、図表9の都道府県別平均寿命では、ワースト1位から順番に男性では、青森、秋田、福島、岩手、沖縄、高知と続いています。筆者が住む青森は女性もワースト1位で、かなり前から短命県返上といった活動が進められています。

　この平均寿命とは別に、今回、地方の経営者の皆さんに認識してもらいたいのが、30歳代以降の働き盛り世代の死亡率が高くなっている点です。青森県の例ではあるものの、図表10では三大死因（悪性新生物、心疾患、脳血

管疾患）の総数において、男性の 30 〜 39 歳の全国平均 68.7 に対し青森県は 84.2、40 〜 49 歳は全国 153.1 に対し 202.6、50 〜 59 歳は 383.4 に対し 502.5 と、いずれも全国平均を上回り、かつ年齢が上がるにつれその差も広がっています。

　30 歳〜 59 歳といえば、仕事もバリバリこなし、会社でも重宝される世代です。家庭の大黒柱という方もいるでしょう。この年代の方が亡くなると会社にとっても大きな痛手です。特に近年の人手不足時代ではなおさらです。

　亡くなるまでいかなくても、体の調子が悪いとモチベーションや作業効率が低下し、欠勤が増えてくる可能性もあります。会社としても健康診断の実施のみならず、健康に関する情報の周知活動にも力を入れていきたいところです。

（２）経営主軸世代の健康を守るために

　仕事をしっかりこなしてもらうには健康でなければなりません。まずは毎年の定期健康診断を確実に実施しましょう。青森県でいうと特定健診の実施率が 51.4%（2021 年）で、全国平均の 56.2% を下回っています。少なくともここ 10 年ほどは全国より低い実施率となっていて、平均寿命が低い県もそのような状況にあるのかもしれません。

　会社のフルタイム社員の健康診断は、労働安全衛生法で義務化されているため、毎年実施している会社も多いと思います。ただ、パートタイム（週所定労働 3/4 未満）の場合は努力義務となっていて、実施は任意となっています。労働は健康が大前提となるため、労働時間に関わらずすべての従業員に対して健康診断を実施していただければと思います。

　また地方の特徴として、専門医不足や医師の偏在等による診断の遅れ、経済的・社会的な問題により医療を継続できない等の課題もあるようです。そのような状況において、疾病のリスクとなる高血圧や糖尿病等の管理が十分に行われているとは言い難いこと、三大疾病等に関連の深い「喫煙」や「過度の飲酒」、「不適切な食生活」、「運動不足からくる肥満」などの生活習慣の問題も挙げられるようです。

　そうはいっても会社独自で実践するのは難しいところです。オススメは、

図表9　平均寿命（2020年）

(単位：年)

順位	男		女	
	都道府県	平均寿命	都道府県	平均寿命
	全国	81.49	全国	87.60
1	滋賀	82.73	岡山	88.29
2	長野	82.68	滋賀	88.26
3	奈良	82.40	京都	88.25
4	京都	82.24	長野	88.23
5	神奈川	82.04	熊本	88.22
6	石川	82.00	島根	88.21
7	福井	81.98	広島	88.16
8	広島	81.95	石川	88.11
9	熊本	81.91	大分	87.99
10	岡山	81.90	富山	87.97
11	岐阜	81.90	奈良	87.95
12	大分	81.88	山梨	87.94
13	愛知	81.77	鳥取	87.91
14	東京	81.77	兵庫	87.90
15	富山	81.74	神奈川	87.89
16	兵庫	81.72	沖縄	87.88
17	山梨	81.71	東京	87.86
18	宮城	81.70	高知	87.84
19	三重	81.68	福井	87.84
20	島根	81.63	佐賀	87.78
21	静岡	81.59	福岡	87.70
22	香川	81.56	香川	87.64
23	千葉	81.45	宮崎	87.60
24	埼玉	81.44	三重	87.59
25	佐賀	81.41	新潟	87.57
26	山形	81.39	鹿児島	87.53
27	福岡	81.38	愛知	87.52
28	鳥取	81.34	岐阜	87.51
29	新潟	81.29	宮城	87.51
30	徳島	81.27	千葉	87.50
31	宮崎	81.15	静岡	87.48
32	愛媛	81.13	山口	87.43
33	群馬	81.13	徳島	87.42
34	山口	81.12	長崎	87.41
35	和歌山	81.03	山形	87.38
36	長崎	81.01	大阪	87.37
37	栃木	81.00	和歌山	87.36
38	鹿児島	80.95	愛媛	87.34
39	北海道	80.92	埼玉	87.31
40	茨城	80.89	群馬	87.18
41	大阪	80.81	秋田	87.10
42	高知	80.79	北海道	87.08
43	沖縄	80.73	岩手	87.05
44	岩手	80.64	茨城	86.94
45	福島	80.60	栃木	86.89
46	秋田	80.48	福島	86.81
47	青森	79.27	青森	86.33

出典：厚生労働省「令和2年都道府県別生命表の概況」

第3章 これからは離職率の減少に全力投球すべし（定着支援）

図表10　2022年　主な死因・年齢階級（10歳階級）別死亡率（人口10万対）

			0～9歳	10～19歳	20～29歳	30～39歳	40～49歳	50～59歳	60～69歳	70～79歳	80歳以上
総数	男	青森県	36.8	26.0	45.7	84.2	202.6	502.5	1,294.2	3,142.7	11,745.7
		全国	25.1	18.5	47.4	68.7	153.1	383.4	1,054.0	2,753.6	10,242.7
		差	11.7	7.5	−1.8	15.5	49.4	119.0	240.2	389.1	1,503.0
		（相対差）	(146.6%)	(140.7%)	(96.3%)	(122.6%)	(132.3%)	(131.0%)	(122.8%)	(114.1%)	(114.7%)
	女	青森県	10.5	23.4	29.3	58.2	126.0	237.6	571.9	1,283.2	8,589.5
		全国	22.7	13.0	26.9	42.0	94.5	201.9	451.0	1,193.4	7,689.6
		差	−12.2	10.4	2.3	16.2	31.5	35.7	120.9	89.8	899.9
		（相対差）	(46.4%)	(179.5%)	(108.7%)	(138.4%)	(133.3%)	(117.7%)	(126.8%)	(107.5%)	(111.7%)
悪性新生物	男	青森県	0.0	4.0	4.3	12.3	41.0	148.1	512.8	1,178.0	2,737.0
		全国	1.4	2.1	3.2	8.5	29.9	110.4	412.9	1,047.9	2,259.0
		差	−1.4	1.9	1.1	3.8	11.1	37.8	99.9	130.2	477.9
		（相対差）	(0.0%)	(191.8%)	(134.1%)	(144.1%)	(137.0%)	(134.2%)	(124.2%)	(112.4%)	(121.2%)
	女	青森県	0.0	4.3	4.9	27.3	51.9	132.9	316.7	521.8	1,283.2
		全国	1.9	1.8	3.4	14.0	44.8	108.5	237.9	474.3	1,137.4
		差	−1.9	2.4	1.5	13.3	7.1	24.4	78.7	47.4	145.7
		（相対差）	(0.0%)	(235.0%)	(144.8%)	(194.7%)	(115.8%)	(122.5%)	(133.1%)	(110.0%)	(112.8%)
心疾患（高血圧性を除く）	男	青森県	0.0	4.0	0.0	17.5	39.7	96.3	174.4	395.1	1,784.8
		全国	0.9	0.7	2.2	7.0	22.6	61.9	150.0	354.7	1,502.9
		差	−0.9	3.3	−2.2	10.5	17.2	34.4	24.4	40.4	281.9
		（相対差）	(0.0%)	(560.6%)	(0.0%)	(250.0%)	(176.2%)	(155.6%)	(116.3%)	(111.4%)	(118.8%)
	女	青森県	0.0	0.0	0.0	3.6	9.1	22.4	43.8	127.7	1,410.5
		全国	0.8	0.4	1.1	2.1	5.7	14.7	39.9	146.9	1,308.1
		差	−0.8	−0.4	−1.1	1.6	3.4	7.6	3.8	−19.2	102.4
		（相対差）	(0.0%)	(0.0%)	(0.0%)	(175.8%)	(158.5%)	(151.8%)	(109.6%)	(86.9%)	(107.8%)
脳血管疾患	男	青森県	0.0	0.0	2.2	3.5	19.2	38.3	80.2	247.6	802.2
		全国	0.3	0.2	0.7	3.4	13.8	31.3	71.8	185.7	664.1
		差	−0.3	−0.2	1.4	0.1	5.5	7.0	8.4	61.9	138.1
		（相対差）	(0.0%)	(0.0%)	(290.6%)	(102.0%)	(139.8%)	(122.2%)	(111.7%)	(133.3%)	(120.8%)
	女	青森県	0.0	0.0	0.0	0.0	11.7	12.9	29.2	103.0	677.9
		全国	0.1	0.2	0.3	1.6	7.1	13.9	25.9	82.5	553.6
		差	−0.1	−0.2	−0.3	−1.6	4.6	−1.0	3.3	20.5	124.3
		（相対差）	(0.0%)	(0.0%)	(0.0%)	(0.0%)	(165.8%)	(93.1%)	(112.7%)	(124.8%)	(122.4%)

□　全国を100とした場合の本県の超過割合（相対差）
■　全国との差が10（人／10万人）以上

（注）「差」および「（相対差）」の数値は、表中の「青森県」および「全国」の数値を用いた計算結果とは必ずしも一致しません。

出典：青森県「第三次青森県健康増進計画(案)※」
※令和4年人口動態統計を用いて、がん・生活習慣病対策課が作成

多くの行政等において社員の健康確保をサポートする取り組みが始まっていて、それを積極的に利用すると良いでしょう。地方の多くの会社が加入している全国健康保険協会。社会保険に加入すると保険証を発行する保険者となります。

　例えばその青森支部では、健康経営実践までの３ステップを一緒に考えてくれます。また、「わが社の健康プラン」として、喫煙習慣であれば、社用車を禁煙とする、喫煙スペースの掃除は喫煙者で行う、社内でルールを決める（喫煙制限等）など、飲酒習慣であれば、上手なお酒の飲み方をポスターで等で知らせる、適正飲酒を心がける取り組みを開始（飲酒量の記録、休肝日の設定）など、そのほか運動習慣や食事習慣、睡眠習慣などを目標として定め実施していきます。

　また、近年はメンタルヘルス不調者が増加傾向にあります。皆さんも心当たりがあるのではないでしょうか。精神疾患で一度休業すると長期に及ぶケースが多く、本人も会社もツライところです。見えにくい疾患で会社独自での対応には限界があるため、専門機関の無料サポートをご利用ください。

　厚生労働省が運営する働く人のメンタルヘルス・ポータルサイト「こころの耳」では、働く方、ご家族の方、事業者の方、部下を持つ方、支援する方といった項目に分かれていて、それぞれの支援内容が豊富な上、電話やメール、SNSでも相談ができます。ぜひ積極的な対策を進めていただければと思います。

パワーハラスメントは経営リスク大

(1) 地方の会社はパワハラが命取り

「パワハラで町長辞任」といったニュースが頻繁にメディアを賑わしています。パワーハラスメント（パワハラ）に対する世間の認識が高いと同時に経営リスクも多大で、いざ発展すると会社の存続にも影響してきます。

中小事業主においても 2022 年 4 月からパワハラ防止措置が義務化され、事業主が講ずべき措置が明確にされたものの、人手が不足し、また経費に余裕のない地方では未対応の会社も多く存在します。パワハラを放置すると、従業員のモチベーションの減少のみならず、離職にまでつながるケースも少なくありません。何より、本人の心に深いキズを負わせるのがパワハラです。

今後は、パワハラにしっかり対応できる会社が生き残っていけると感じています。経営者自らが律するのはもちろんのこと、相談された際に、「ま、ま、いいね、とりあえず上手くやってけ」と面倒だから受け流すのではなく、しっかり調査をすることが重要です。ぜひ、基礎知識を身に付けてもらい、常日頃から毅然と適切な対応を心がけていただければと思います。

(2) パワハラの現状

まずは図表 11 をご覧ください。2016 年度のパワハラ実態調査において、過去 3 年間にパワハラを受けたことがある人は約 33%で、そのうちの約 41%の人が「その後何もしなかった」と回答しています。3 人に 1 人がパワハラを受けたことがある・・・皆さんは多いと感じますでしょうか、それとも少ないと捉えますでしょうか。

筆者が 20 代の会社員だった頃は、軽度なパワハラが日常的にあったように思います。性格がキツイ上司にあたると、暴力はさすがに無いものの、厳しい叱責を繰り返し行う等、精神的な攻撃を受けた人も多いのではないでしょうか。

図表 11　パワハラを受けた経験とその後の行動

●パワーハラスメントの発生状況
（パワハラを受けた経験）

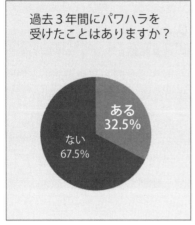

●パワーハラスメントを受けて
（被害者の行動）

（平成 28 年度　厚生労働省
「職場のパワーハラスメントに関する実態調査」従業員調査より）
（回答：10,000 人）

（平成 28 年度　厚生労働省
「職場のパワーハラスメントに関する実態調査」従業員調査より
（回答：3,250 人（過去 3 年間にパワハラを受けたと回答した者））

出典：厚生労働省「明るい職場応援団」

　余談にはなりますが、筆者が今でもはっきり記憶しているパワハラと感じられる行為をご紹介すると、当時あまり従順な社員ではなかったため、社長との間が一時期ギクシャクしていた頃のこと。会議で社長が社員にひとりずつ「これについてどう思う」と聞いった流れの中で筆者だけ飛ばされました。後ほど解説するパワハラ類型でいうと「人間関係からの切り離し」になる可能性があります。社長はすぐに忘れたと思いますが、受けた本人は 20 年以上経っても鮮明に記憶しているのがパワハラの怖さです。ただ、当時は許されていたことでも、今はご法度です。

　その後の対応についても難しく、通常、上司が行為者のため相談しにくい状況にあり、パワハラを受けた人の約 41％が「何もしなかった」と回答するのも不思議ではありません。

　2016 年度のこのような状況から、2022 年 4 月のパワハラ防止措置義務化以降、社員研修を実施したり、就業規則に規定したり、相談窓口を設置したり、相談があった際に適切に対応したりという行動を続けていけばパワハラ

は確実に減っていくと思います。「ウチは地方で小さな会社だから」ではなく、積極的に実践していきましょう。

(3) パワハラがなぜ問題なのか

すでにパワハラの問題点はいくつか紹介していますが、詳しくは図表12をご覧ください。「社員への影響」と、「会社への影響」に大別され、前者は、「心身の健康を害し、休職等に至る」、「職場環境の悪化」などが挙げられます。職場の雰囲気が悪くなり働きにくくなるのは精神的にも良くなく、また「今日は機嫌いいかな」などと話しかけるタイミングを探らなければならない上司もいて、心身ともに疲れ果てます。これが続くと体調を崩し精神疾患で休職に至る場合もあり、本人が長期間つらい思いをすることとなります。

「会社への影響」としては、「モラールの低下⇒生産性の低下⇒業績の悪化」、「人材の流出」、「訴訟による賠償⇒業績の悪化」、「企業イメージの悪化⇒採用への影響」、「公表による大幅な売上減少など」です。

図表12　パワハラの具体的な問題点

なぜ職場のパワーハラスメントが問題なのか？

■社員への影響は？
・心身の健康を害し、休職等に至る
・職場環境の悪化

■会社への影響は？
・モラールの低下⇒生産性の低下
　⇒業績の悪化
・人材の流出
・訴訟による賠償⇒業績の悪化
・企業イメージの悪化
　⇒採用への影響
・公表による大幅な売上減少など

■その他
・コンプライアンス上の問題
　民法、刑法、就業規則違反

■パワーハラスメントによる影響（複数回答）

項目	割合
職場の雰囲気が悪くなる	93.5%
従業員の心の健康を害する	91.5%
従業員が十分に能力を発揮できなくなる	81.0%
人材が流出してしまう	78.9%
職場の生産性が低下する	67.8%
企業イメージが悪化する	54.1%
訴訟などによる損害賠償などの金銭的負担が生じる	45.7%
その他	1.2%
特に影響はない	0.2%

（平成28年度　厚生労働省
「職場のパワーハラスメントに関する実態調査」企業調査より（回答：4,587社）

出典：厚生労働省「明るい職場応援団」の資料を一部加工して作成

このようなパワハラ上司がいたらモチベーションが下がり、やる気が出ず、いくら会社や本人が生産性を上げようと努力をしていても、その苦労が一瞬にして消えてしまいます。また、優秀な人材、欠かせない従業員が、継続するパワハラ行為に我慢できず退職につながるケースも少なくありません。離職理由の鉄板3要素の人間関係がここには当てはまります。

　そのほか近年注目されているのが、「公表による大幅な売上減少など」です。筆者が住む青森県でも、2年以上前に某ハウスメーカーが営業スタッフへ侮辱的な「賞状」を渡すというパワハラ行為が全国ニュースとなりました。売上が大きく減少するのはもちろん、退職者も続出するのは避けられません。

　地方には財務体力が限定的な会社も多く存在します。そのような地域において、会社の存続が危ぶまれるような行為が存在し、それがおおやけに発覚したら、どのような経営状態になるかは想像に難くありません。長年、試行錯誤しながら業績を向上させていても、そのような行為ですべて消し去ってしまうのがパワハラです。

（4）パワハラの基礎知識

　それではどのような場合がパワハラに該当するのか確認してきましょう（図表13）。パワハラとは職場において、

　①優越的な関係を背景とした言動であって、

　②業務上必要かつ相当な範囲を超えたものにより、

　③労働者の就業環境が害されるもの

であり、①〜③の要素を全て満たすものとなります。

図表13　パワハラの3要素

職場における パワハラの3要素	具体的な内容
①優越的な関係を背景とした言動	○当該事業主の業務を遂行するに当って、当該言動を受ける労働者が行為者に対して抵抗又は拒絶することができない蓋然性が高い関係を背景として行われるもの （例）・職務上の地位が上位の者による言動 ・同僚又は部下による言動で、当該言動を行う者が業務上必要な知識や豊富な経験を有しており、当該者の協力を得なければ業務の円滑な遂行を行うことが困難であるもの ・同僚又は部下からの集団による行為で、これに抵抗又は拒絶することが困難であるもの　等

②業務上必要かつ相当な範囲を超えた言動	○社会通念に照らし、当該言動が明らかに当該事業主の業務上必要性がない、又はその態様が相当でないもの
③労働者の就業環境が害される	○当該言動により労働者が身体的な又は精神的に苦痛を与えられ、労働者の就業環境が不快なものとなったため、能力の発揮に重大な悪影響が生じる等当該労働者が就業する上で看過できない程度の支障が生じること ○この判断に当たっては、「平均的な労働者の感じ方」、すなわち、同様の状況で当該言動を受けた場合に、社会一般の労働者が、就業する上で看過できない程度の支障が生じたと感じるような言動であるかどうかを基準とすることが適当

出典：都道府県労働局雇用環境・均等部（室）「2020年6月1日より、職場におけるハラスメント防止対策が強化されました！」

　まず①の「優越的な関係を背景とした言動」については、「職務上の地位が上位の者による言動」という点がポイントです。パワハラの多くの事例が上司や経営者といった立場が上の者であるケースが多く、自身の権力や権限を利用して部下にそのような行為をする場合があります。いわゆる部下を指導する立場にあるため、その流れの中で不注意に言い過ぎてしまったというケースもあるでしょう。なお、同僚や部下の言動がパワハラに該当する場合もあります。

　つぎに②の「業務上必要かつ相当な範囲を超えたもの」について、その言動が明らかに必要のないもの、つまり言い過ぎであることを指します。この言い過ぎかどうかを判断する基準は「社会通念に照らして」となり、言い換えると「一般常識に照らして」ということになります。ほかの従業員が「いまのって業務を超えて単に言い過ぎだよね」と感じると、この要素を満たすこととなります。

　最後の③の「労働者の就業環境が害されるもの」については、上司等の言動により苦痛を感じ、モチベーションや能力が下がり、仕事をする上で見過ごせないほどの支障が出ることを意味します。ここの判断としては、「平均的な労働者の感じ方」であり、一般的に「あんな風に言われると普通は仕事に支障でるよね」と受けた場合に該当となります。

　たとえば極端な例ですが、上司が「お前はバカか！」と部下を罵倒した場合、①は上司なので該当、②は人格否定となり言い過ぎで該当、通常は業務に支

障が出るので③にも該当する可能性が高い、といった感じで、自身の言動がパワハラにあたるか確認してみてください。

（5）パワハラに該当する例、しない例

では具体的にどのような言動がパワハラに該当するのか、もう少し詳しくみていきましょう（図表14）。

類型としては6つに分けられます。

①身体的な攻撃
②精神的な攻撃
③人間関係からの切り離し
④過大な要求
⑤過小な要求
⑥個の侵害

①と②について確認していきましょう。まず「身体的な攻撃」は、そのイメージの通りで、殴ったり蹴ったりと身体に危害を加えた行為です。暴行罪や傷害罪が成立する可能性もあります。また直接的ではなくても、相手に物を投げつける、部下を叱責しながら近くにあった物差しで頭を叩く、という行動もパワハラに該当する可能性があるため注意が必要です。

つぎは「精神的な攻撃」です。部下を注意する機会は日常的にあるため、もっとも重要であるものの、「どこからパワハラなのか」という判断基準に悩む部分でもあります。

まず人格否定は、ほぼNGです。控えましょう。たとえば、取引先のアポイント時間を間違えて部下が遅刻したときに、同行した上司が、「何やってるんだ！」と注意するのは必要なことでありパワハラではありません。しかし、さらに、「だからおまえとは仕事をしたくないんだ！」、「噂どおり役立たずだな！」と人格を否定するような言動を行うとパワハラ行為に該当する可能性が高くなります。

そのほか、「長時間にわたる厳しい叱責を繰り返し行う」指導もパワハラと判断される可能性があります。逆にある程度の強い叱責であっても、5分～10分程度であったり、単発の場合はパワハラとして認められにくい傾向にあります。「時間」と「回数」に注意するようにしましょう。

図表 14　実際にパワハラに該当する言動

代表的な言動の類型	該当すると考えられる例	該当しないと考えられる例
(1) 身体的な攻撃 （暴行・傷害）	① 殴打、足蹴りを行う ② 相手に物を投げつける	① 誤ってぶつかる
(2) 精神的な攻撃 （脅迫・名誉棄損・侮蔑・ひどい暴言）	① 人格を否定するような言動を行う。相手の性的指向・性自認に関する侮蔑的な言動を含む。 ② 業務の遂行に関する必要以上に長時間にわたる厳しい叱責を繰り返し行う ③ 他の労働者の面前における大声での威圧的な叱責を繰り返し行う ④ 相手の能力を否定し、罵倒するような内容の電子メール等を当該相手を含む複数の労働者宛に送信する	① 遅刻など社会的ルールを欠いた言動が見られ、再三注意してもそれが改善されない労働者に対して一定程度強く注意をする ② その企業の業務の内容や性質等に照らして重大な問題行動を行った労働者に対して、一定程度強く注意をする
(3) 人間関係からの切り離し （隔離・仲間外し・無視）	① 自身の意に沿わない労働者に対して、仕事を外し、長期間にわたり、別室に隔離したり、自宅研修させたりする ② 一人の労働者に対して同僚が集団で無視をし、職場で孤立させる	① 新規に採用した労働者を育成するために短期間集中的に別室で研修等の教育を実施する ② 懲戒規定に基づき処分を受けた労働者に対し、通常の業務に復帰させるために、その前に、一時的に別室で必要な研修を受けさせる
(4) 過大な要求 （業務上明らかに不要なことや遂行不可能なことの強制・仕事の妨害）	① 長期間にわたる、肉体的苦痛を伴う過酷な環境下での勤務に直接関係のない作業を命ずる ② 新卒採用者に対し、必要な教育を行わないまま対応できないレベルの業績目標を課し、達成できなかったことに対し厳しく叱責する ③ 労働者に業務とは関係のない私的な雑用の処理を強制的に行わせる	① 労働者を育成するために現状よりも少し高いレベルの業務を任せる ② 業務の繁忙期に、業務上の必要性から、当該業務の担当者に通常時よりも一定程度多い業務の処理を任せる
(5) 過小な要求 （業務上の合理性なく能力や経験とかけ離れた程度の低い仕事を命じることや仕事を与えないこと）	① 管理職である労働者を退職させるため、誰でも遂行可能な業務を行わせる ② 気にいらない労働者に対して嫌がらせのために仕事を与えない	① 労働者の能力に応じて、一定程度業務内容や業務量を軽減する
(6) 個の侵害 （私的なことに過度に立ち入ること） ★プライバシー保護の観点から、機微な個人情報を暴露することのないよう、労働者に周知・啓発する等の措置を講じることが必要	① 労働者を職場外でも継続的に監視したり、私物の写真撮影をしたりする ② 労働者の性的指向・性自認や病歴、不妊治療等の機微な個人情報について、当該労働者の了解を得ずに他の労働者に暴露する	① 労働者への配慮を目的として、労働者の家族の状況等についてヒアリングを行う ② 労働者の了解を得て、当該労働者の機微な個人情報（左記）について、必要な範囲で人事労務部門の担当者に伝達し、配慮を促す

出典：都道府県労働局雇用環境・均等部（室）「2020年6月1日より、職場におけるハラスメント防止対策が強化されました！」

もうひとつ気を付けなければならい行為として、ほかの労働者の面前で叱責を繰り返し行うことや、罵倒するようなメールを複数の労働者にも送信するといった言動です。叱責がほかの労働者の面前でとなると、本人の自尊心も通常以上にキズつけられやすいため、別室に呼んで注意するといった配慮も重要となってきます。

　そのいっぽうで、該当しないと考えられる言動としては、遅刻などを繰り返すたびに注意しているが改善されない従業員に「一定程度強く注意」することです。イメージとしては、「厳しい叱責」ではなく「一定程度強く注意」という感じです。あくまで冷静に、とはいってもすでに複数回の注意を繰り返しているため、こちらの意図が伝わるようにある程度強めに注意するようにしましょう。

　精神的な攻撃はニュアンス的な部分も多く判断に悩むところです。また、逆に近年問題になっているのが、部下からパワハラと言われるのを恐れて、必要な注意もできなくなっているケースです。例えば、遅刻をした、指揮命令に従わない、上司に反抗的な態度を取る、といった場合に注意をしなければ規律が緩くなってしまい、運営に支障を来してきます。

　何でもかんでも「それパワハラですよ」という部下もなかにはいるでしょうが、過度に心配して必要な指導をしない方が会社にとっても本人とっても不利益です。定期的にパワハラ研修等を実施し、上司や部下も適切な対応を行うことが重要です。ちなみに研修でいうと、商工会議所や商工会でも従業員向けのパワハラセミナーを実施しているようです。費用も安く抑えられるため、ぜひ参加してみてください。

（6）パワハラを予防するために

　パワハラは性格的要素が大きく関係してくると感じます。行為をする理由は様々ですが、その起点が上司の高圧的・威圧的態度、言動であることは共通します。パワハラは自身のマネジメント能力の欠如を権力と言葉の暴力で補っているにすぎないとも言えます。したがって、どんなに仕事ができようが、どれほど業績をのばそうが、パワハラを是正できない従業員を昇進させてはいけません。

　原則としてはこのような考えですが、人材が不足している地方ではそうい

かないケースもあります。そんなとき、上の立場に立つ人ほど、自分自身を捨て、リーダーとして組織を最適化するために演じなければならないため、「リーダーらしい態度とは何か」、「部下を鼓舞するコミュニケーションはどのように行うべきか」などを、体系的に研修等で学べる機会を設けましょう。

　また、上司と部下のコミュニケーション不足に起因する場合もあります。部下側からの視点として、以下のような内容に気を付けましょう。
- 上司には自分から報告や連絡をするように心がける
- 上司に相談する際は、困っている点や自分の意見を具体的に整理しておく
- 上司や同僚からパワーハラスメントを受けたと感じたら、一人で悩まないで、まずは周囲の人などに相談してみる

　さらに、正社員や正社員以外の様々な立場の従業員が一緒に働いている職場では、誰でもパワハラの行為者になりうる可能性があります。以下の項目を認識しましょう。
- 自分の感情を認識する（怒り、怖れ、悲しみ、焦り、妬み）
- 相手を見て接し方を工夫する
- 不要な誤解を招かないコミュニケーションを心掛ける

　最後にパワハラ予防に大切なことを紹介します。
- パワーハラスメントについての十分な理解・関心を深め、ほかの労働者に対する言動に必要な注意を払う。
- お互いを尊重し、理解することが必要
- 自らの行為がパワーハラスメント、嫌がらせになっていないか注意
- 隠れたパワーハラスメントがないか、職場や周囲のメンバーの変化に注意
- 事業主の講ずる雇用管理上の措置に協力する

　全般的に当たり前のことではあるのですが、上下関係や仕事のプレッシャー等が関係してくると、意外と難しい場合があるのかもしれません。
　例えば「指導」と「ハラスメント」について、本来、その線引きは法律の具体例で示されるものではなく、その場面に応じて、各自が持つ"良心"にしたがって判断されるのが望ましいと考えます。

「人の嫌がることは言わない」
「悪いことをしたときは素直に謝る」
「助けてもらったときは感謝の気持ちを口に出す」
「人の話をきちんと聞く」
「相手のことを尊重する」

など、対人関係の基本を守っていれば、そもそも「ハラスメント」は生じないように思います。法律で規制しているから守るというのではなく、その前に人としてどうあるべきか、「自分の良心にしたがった行動基準」をしっかり持つように努めましょう。

(7) 判例で学ぶパワハラ

明らかにパワハラと判断できるケースもあれば、断言しにくく悩む場合もあります。あくまでパワハラ行為があったか否かを会社が判断するわけですが、当事者が納得いかない場合は裁判にまで発展するケースもあります。今回紹介する判例は遺族が会社に民事損害賠償請求を提起した事案であり、従業員は自殺をしたものの高裁ではパワハラと認定されなかったケースです。

「自殺したからパワハラ行為があった」ではなく、あくまで中身をみて判断した判例となります。前述したように、過度にパワハラを恐れて日常的に必要な注意・指導ができなくなっている上司がいます。このような判例も参考にしていただければと思います。厚生労働省が運営しているホームページ「あかるい職場応援団」より紹介します。

上司の叱責とパワハラ

前田道路事件
松山地判平成 20 年 7 月 1 日 労判 968 号 37 頁
高松高判平成 21 年 4 月 23 日 労判 990 号 134 頁

はじめに

時に職場において、上司が部下を厳しく叱ることがあります。叱られた部下からすれば、非常に心理的に辛いものですが、さらに他の同僚や自分の部下などがいる前で叱られた場合、体面上の苦痛も味わうこととなります。このため職場における上司の叱責は、如何なる場合も許されないようにも思わ

れるところですが、裁判例では以下の判断を行ったものがあります（前田道路事件）。

事案の概要
　Y社は建設業を営んでおり、Aは同社において建設施工業務に従事していたところ、B営業所長に昇進しました。昇進後、Aの上司がB営業所に監査に訪れたところ、Aが架空出来高を計上するなど不正経理を行っていたことが発覚しました。上司は当該不正経理を早期に是正するようAに対し指導しましたが、Aは1年近く是正を行いませんでした。これに対し上司は、Aに対して日報報告の際、電話でたびたび叱責するとともに、業績検討会において、「会社を辞めれば済むと思っているかもしれないが、辞めても楽にならない」旨の発言を行いました。Aは当該検討会の3日後に、「怒られるのも、言い訳するのも、つかれました」などと記した遺書を残して自殺し、その遺族がY社等に対して、民事損害賠償請求を提起したものです。

地裁判決　請求認容
　「（不正経理改善の）目標値は、‥営業環境に照らして達成困難な目標値であったというほかなく‥ほかの職員が端から見て明らかに落ち込んだ様子を見せるに至るまで叱責したり、業績検討会の際に、「‥辞めても楽にならない」旨の発言をして叱責したことは、不正経理の改善や工事日報を報告するよう指導すること自体が正当な業務の範囲内に入ることを考慮しても、社会通念上許される業務上の指導の範疇を超えるものと評価せざるを得ないものであり、‥Aの自殺と叱責との間に相当因果関係があることなどを考慮すると、Aに対する上司の叱責などは過剰なノルマの達成の強要あるいは執拗な叱責として違法であるというべきである。」（損害賠償額約3,000万円を認容）

　これに対して、高裁判決では一転して遺族側の請求が否定されました。

高裁判決　請求棄却
　「上司から架空出来高の計上等の是正を図るよう指示されたにもかかわら

ず、それから1年以上が経過した時点においてもその是正がされていなかったことや、B営業所においては‥必要な工事日報が作成されていなかったことなどを考慮に入れると、上司らがAに対して不正経理の解消や工事日報の作成についてある程度の厳しい改善指導をすることは、上司らのなすべき正当な業務の範囲内にあるものというべきであり、社会通念上許容される業務上の指導の範囲を超えるものと評価することはできないから、Aに対する上司らの叱責等が違法なものということはできない。

　以上のとおり、上司らがAに対して行った指導や叱責は、社会通念上許容される業務上の指導の範囲を超えた過剰なノルマ達成の強要や執拗な叱責に該当するとは認められないから、Aの上司らの行為は不法行為に当たらないというべきである。」

コメント

　地裁・高裁判決の結論が大きく異なっていますが、その理由として、上司の叱責に至る経緯、理由に係る事実認定の相違性があるように思われます。地裁判決では、上司が叱責していた不正経理が改善されていない理由として、架空出来高の解消目標が達成困難な数値であったとした上で、叱責の態様が厳しい点を捉え、違法であるとの結論を導きました。

　これに対し高裁判決では、当該解消の目標値が過剰なノルマにあたらないとした上で、むしろ1年近く上司が不正経理等の是正を求めるも、その改善が見られなかった経緯を重く評価し、違法性を否定しています。高裁判決でとりわけ注目されるのは、部下に対し繰り返し指導するも、その改善が見られない場合、「ある程度の厳しい改善指導をすることは、上司らのなすべき正当な業務の範囲内」であると明確に判示した点です。

　したがって、上司が部下に対し厳しく叱責することも、部下に対する指導経緯によっては適法と評価されうるものです。その一方、本判決も「ある程度の厳しい改善指導」との留保を付しており、激しい罵倒・人格攻撃などによる叱責などは当然に認めていない点も十分に留意する必要があります。

(8) パワハラが発生したときは

　会社でかなり配慮をしていてもパワハラが発生するときがあります。そのような場合、どのような対応をすればいいのでしょうか。

●パワハラを受けた人は
　・パワハラを我慢していても解決しません。逆にエスカレートする可能性もあります。
　・一人で悩まず、同僚や上司、社外相談窓口に相談しましょう。

●パワーハラスメントに気付いた人は
　・見て見ぬふりをしていては職場環境が悪化してしまうかもしれません。他人ごとではなく、自らにも降りかかってくる可能性もあります。場所を変えてから被害者と話し合ってみましょう。

●パワーハラスメントを受けた人から相談があった場合
　公平、迅速な対応を心がけましょう。
　ゆっくり時間をかけて相談者の話を聞きましょう。
　相談者の了解を得て、上司や社外相談窓口に報告し、対応について相談しましょう。
　個人情報には十分注意しましょう。

　地方の会社では、現場作業で忙しい経営者が多いためか、パワハラ意識が低い社長も一定数存在するように感じます。パワハラでもっともご法度なのが、経営者が行為者であるケースです。会社のトップに立っているがゆえに、その行為を注意できる人がいません。この本を読んでいる皆さんも経営者が多いと思います。自身が意識を高く持ち戒めるしかありません。会社や部下のためにも、ぜひご注意ください。
　また、よくあるのが部下から相談を受けても、面倒だから流すパターンです。「（1）地方の会社はパワハラが命取り」でも触れた部分です。どう対応すればいいのか分からないという理由もあると思いますが、これもご法度で

す。軽度から重度に移り、従業員の退職につながっていきます。内部に詳しい従業員がいない場合は、費用がかかっても外部に相談窓口を設けたり、何かあった際に相談できるような体制を整えておきましょう。

出産後もスムーズに働いてもらうために

　新規採用が難しくなっている地方では、なるべく退職者を出さないことが肝要です。ここでは、妊娠を機に仕事を辞める従業員が出ないように、マタニティハラスメント（マタハラ）や産休・育休の流れを紹介していきます。が、その前にセクシャルハラスメント（セクハラ）で退職する従業員も防がなければなりません。まずはそこから解説していきましょう。

（1）無くならないセクハラ

　セクハラ防止措置については、2007年に男女雇用機会均等法にて施行されていますが、いまだにメディアで「セクハラで町長辞任！」と報道されることも多く、パワハラ同様に世間の注目度が高いと感じます。それだけ被害者の精神的苦痛も大きいということです。

　セクハラは、「職場」において行われる「労働者」の意に反する「性的な言動」により、労働者が労働条件について不利益を受けたり、就業環境が害されることをいいます。

　性的な事実関係を尋ねること、性的な内容の情報（噂）を流布すること、性的な冗談やからかい、食事やデートへの執拗な誘い、個人的な性的体験談を話すことなどが「性的な言動」として挙げられます。また、性的な関係を強要すること、必要なく身体へ接触すること、わいせつ図画を配布・掲示すること、性的な内容の噂を流すこと、食事やデートなどへの執拗な誘いなどが「性的な行動」の一例となります。

　性に関する言動の受け止め方には個人間で差があり、セクハラに当たるか否かについては、相手の判断が重要です。親しさを表すつもりの言動であっても、本人の意図とは関係なく相手を不快にさせてしまう場合があります。

その不快に感じるかどうかも個人差があるため、この程度の事は相手も許容するだろうという勝手な憶測はしないようにしましょう。同時に大事なのは、相手との良好な人間関係ができているという勝手な思い込みをしないようにすることです。高齢男性によく見られるパターンです。注意しましょう。

また、相手が拒否もしくは嫌がっていることが分かった場合には、同じ言動を繰り返してはいけません。そもそも、セクハラを受けた者が職場の人間関係を考え、拒否することができないこともあるため、立場が上の者はその点を配慮して言動するようにしましょう。

セクハラは、職場の人間関係がそのまま持続する歓迎会といった酒が入るような場でより起こりやすくなります。アルコールが入ると勢いが増し、いつも以上に積極的になる上司もいるため、本人はもちろん、周りの同僚等もセクハラ行為に気を配る必要があります。意外と盲点なのが、取引先など社外の人に対する言動です。社内と同じで上下関係がある場合は注意が必要です。

厚生労働省の調査では10%の人がセクハラを受けたことがあると回答しています。「ウチの会社は大丈夫」ではなく、見えていないだけの可能性も十分にあります。常日頃から言動には注意をしつつ、それでも発生してしまった場合は、パワハラ同様に上司や経営者がしっかり対応することが重要です。

(2) マタハラにもしっかり配慮すべし

現在、第1子出産前後に女性が就業を継続する割合は従来の約40%から約53%まで上昇しているものの、残りの約47%の女性は第1子出産を機に退職していて、依然として高い水準であることが分かります(図表15)。さらにパートタイマーの場合は約75%の方が第1子出産の際に退職しています。その理由のひとつとして、マタハラや妊娠・出産をすると働き続けにくい職場環境であることが挙がっています。

図表 15　出産前有職者に係る第 1 子出産前後での就業状況

・第 1 子出産前後に女性が就業を継続する割合は上昇。これまでは、4 割前後で推移してきたが、最新の調査では 53.1％まで上昇した。
・育児休業制度を利用して就業を継続した割合も大きく上昇している。
・第 1 子出産を機に離職する女性の割合は 46.9％。依然として高い状況にある。

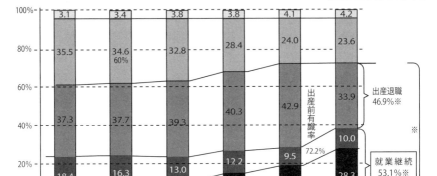

※第 1 子出産前有職者を 100％とした場合

(備考)
1. 国立社会保障・人口問題研究所「第 15 回出生動向基本調査（夫婦調査）」(2016 年)。
(赤枠部分については内閣府男女共同参画局にて記入。以下同じ)
2. 第 1 子が 1 歳以上 15 歳未満の子を持つ初婚どうし夫婦について集計。
3. 出産前後の就業経歴
　就業継続（育休利用）－妊娠判明時就業～育児休業取得～子ども 1 歳時就業
　就業継続（育休なし）－妊娠判明時就業～育児休業取得なし～子ども 1 歳時就業
　出産退職　　　　　　－妊娠判明時就業～子ども 1 歳時無職
　妊娠前から無職　　　－妊娠判明時無職～子ども 1 歳時無職

出典：内閣府男女共同参画局「第 1 子出産前後の女性の継続就業率及び出産・育児と女性の就業状況について」

　労働力が豊富な時代はさほど問題にならなかったものの、今の地方の人手不足を考えると、妊娠・出産のタイミングで退職されると、そのまま欠員状態になっても何ら不思議ではありません。そのため、適切に育児休業を利用してもらい、1 年後くらいにまた仕事に復帰してもらいたいと考える経営者は多いはずです。

　マタハラは、妊娠・出産・育児休業等を理由として嫌がらせをされること

等を指し、事業主による不利益な取扱いは、男女雇用機会均等法、育児・介護休業法においてすでに禁止されています。女性の活躍が求められる社会において、マタハラを理由として職場を諦めなくてはいけないことは、働く者にとっても会社にとっても大きなマイナスになることは間違いありません。とりわけ地方ではその傾向が強いと感じます。

　パワハラやセクハラと違い、意外と広く知られていないのがマタハラです。まずはどのような行為がマタハラなのか厚生労働省運営のHP「あかるい職場応援団」を参考にしながら見ていきましょう。

　●妊娠～産前・産後休業前まで
　　・妊娠中、切迫流産と診断され、2週間の休業をしたところ、「みんなに迷惑をかけているし、何かあったら会社は責任がとれないので、体を第一に考え退職したらどうか」と上司から言われた。
　　・妊娠中、時間外労働の免除について上司に相談したところ、「周囲が残業するなか、あなただけを定時に退社させられるわけがない！」と怒鳴られた。
　　・上司や同僚から「妊婦はいつ休むかわからないから仕事はまかせられない」と繰り返し嫌がらせを言われて、今までしていた仕事を取り上げられてしまった。

　皆さんは、女性部下から妊娠の報告を受けた際、どのような対応をしていますでしょうか。「いつまで働けるのだろうか」、「辞めてしまうのだろうか」等が、管理職としてまず頭をよぎるかもしれません。

　妊娠した女性は、自身の心身の変化だけでなく、これから仕事で周囲に迷惑をかけるのではないか等、いろいろな不安を抱えています。上司がこのことを理解し、「おめでとう」のひと言や、体調を気遣う温かな対応をすることこそが、部下の安心につながっていきます。本人としっかり話し合い、個別性に配慮していきましょう。

●産前・産後休業、育児休業
- 上司に妊娠を報告し、産休・育休の取得を希望したところ、「うちには産休・育休の規定はない。妊娠したなら辞めてほしい」と言われた。
- 1年契約の契約社員として、いままで更新されてきて、今後も更新を前提に話がされていたのに、上司に妊娠の報告をしたところ、「次回の契約更新はしない」と雇い止めされた。

復帰後の働き方については、本人の希望を含め、できるだけ産前・産後休業前に話し合っておくことをオススメします。また代替要員を雇用するケースにおいても、周囲の人たちの協力がなければ仕事は円滑に進みません。お互い様の風土を醸成しましょう。

●復職後
- 育休からの復職後に、短時間勤務制度を利用したいと会社に申し出たところ、「フルタイムでの勤務ができないなら、辞めてくれ」と言われた。
- 育休からの復職後、短時間勤務で働いていると、同僚から「自分のところに勤務シフトが回ってくる回数が増えて迷惑だ」と繰り返し言われて、制度利用をあきらめざるを得ない状況になった。

仕事と子育てを両立したいと思っている本人に対して、「母親なら子供のことを第一に考えないと」、「旦那の収入があるだろう」等の言葉は、マタハラにつながります。

復帰後は、原則として「原職」への復帰です。復帰後の働き方を考える際には、「子育て中だから仕事が大変に違いない」、「この役職は負担だろう」などと決めつけないようにしましょう。一方的な降格や配置転換、昇進・昇格で不利益な評価を行うことは、法的にも問題あります。このようなことにならないためにも、女性社員とは、今後のキャリア形成も含め、どのような働き方が可能か、すり合わせていくのが望ましいでしょう。

(3) 産休・育休の流れを事前に把握しましょう

　初めて出産する女性従業員は、いつから産前休業に入れるのか、どの程度の給付を受けられるのか、そもそも会社はどのような対応をしてくれるのかとても心配です。一連の流れを図表16に掲載しました。ご覧の通り結構複雑です。

　まずは会社が申請する分と本人が手続きする分に分けるといいでしょう。

●会社が申請する手続き
①産前・産後休業中の社会保険料免除（年金事務所）
②出産手当金（全国健康保険協会）
③育児休業中の社会保険料免除（年金事務所）
　※早く復職した場合は終了届提出
④育児休業給付金（ハローワーク）※原則2か月に一度
⑤出生時育児休業給付金（ハローワーク）

　イメージとしては、産前休暇から育休終了まで社会保険料の免除と一定の給付金が支給されるようになっています。給付金としては、産前6週・産後8週の休業期間は出産手当金がおおよそ給与の2/3支払われ、育休期間中はおおよそ給与の67％（6か月経過後は50％）となります。

　出産費用に充てられる出産育児一時金は、会社証明等が必要無いことから本人が直接医療機関とやり取りした方がスムーズです。支給額については、2023年4月より42万円から50万円に引き上げられています。どっちで手続きするのか曖昧になっているケースもあるため、事前に明確にしておくことをオススメします。

　このあたりは会社も何とか手続きをしたり、情報をお伝えしたりしていると思いますが、意外とおろそかになっているのが復職後に利用できる労働時間免除等の制度です。

・1歳まで育児時間として1日2回（各30分）
・3歳まで1日6時間勤務（2025年10月からは、3歳から小学校就学までの間も可能になる場合あり）
・3歳（2025年4月からは小学校就学）まで残業を免除することができる

図表 16 産前産後、育児休業、復職までの流れ

出典：福井労働局ホームページ掲載の資料を一部加筆修正し作成

妊娠期

手続きなど

- ●会社へ本人又は配偶者の妊娠・出産の申出
  ※会社から休業制度、申出先、（雇用保険の休業給付金、社会保険料の取扱い）の周知と休業取得意向確認がされます。
- ●医師などから健康診査等で指導を受けた場合
  「母性健康管理指導事項連絡カード」で指導内容を会社へ伝え措置を講じてもらいましょう。

- ●会社へ産前休業の請求
  ・出産予定日を含む6週間前（双子以上は14週間前）から産前休業がとれます。
  ・出産日の翌日から8週間は就業できません（産後休業）

休業制度など

- ●母性健康管理の措置
  ・妊婦健康診査等を受けるための休暇
  ・医師などの指導に基づく通勤緩和、休憩時間の延長、勤務時間の短縮、作業の制限、休業など
  ・コロナウイルス感染症の感染のおそれの低い作業への転換または出勤の制限
- ●母性保護の措置
  ・時間外労働※、休日労働、深夜業の制限
  ※1日8時間又は1週間40時間を超える労働
  ・軽易な業務への転換
  ・変形労働時間制度の適用制限
  ・危険有害業務の就業制限

経済支援など

- ●市町で母子健康手帳及び「妊婦健康診査受診票」をもらいましょう
  （名称は市町により異なります）
- ●出産予定の病院へ分娩の予約をしましょう
  （予約が困難な地域もあるので注意！）

出産・産後期

- ●会社へ育児休業の請求（必ず書面で申し出ましょう）
  ・育休は1歳の誕生日の前日までとれます（2回まで取れます）。
  ※希望どおり休業を取得するためには、それぞれの育児休業開始予定日の1カ月前までに申し出ることが必要です。

42日間 ← **出産** → 56日間

産前・産後休業

- ●社会保険料の免除（年金事務所、健康保険組合）
  ※産前・産後休業中、育児休業中（産後パパ育休含む）の健康保険・厚生年金保険の保険料は、要件を満たす場合、会社から申出をすることによって、本人負担分、会社負担分ともに免除されます。

- ●出産育児一時金
  （全国健康保険協会（協会けんぽ））
  （健康保険組合）（市町）等
  ・健康保険の加入者が出産したとき、1児につき50万円が支給されます。

- ●出産手当金
  （全国健康保険協会（協会けんぽ））
  （健康保険組合）等
  ・産前・産後休業の期間中、給与が支払われない場合、健康保険から1日につき、賃金の3分の2が支給されます。

第3章 これからは離職率の減少に全力投球すべし（定着支援）

- 産前産後休業は、有期契約労働者を含めて全ての女性が取得できます。
- 育児休業は、有期契約労働者の場合、休業取得を申し出た時点において子が1歳6カ月（2歳に達する日まで取得する場合は2歳）に達する日までの間に雇用契約が更新されないことが明らかでない方は対象となります。但し、正社員も有期契約労働者も、会社と従業員代表との間で、①入社1年未満の方、②育休申出から1年以内（1歳を超える育休申出の場合6カ月）以内に雇用関係が終了することが明らかな方、③1週間の所定労働日数が2日以下の方を制度対象外とする労使協定が締結されている場合、育児休業を取得することができません。詳しくは、育児休業制度等の申出先・相談窓口である会社人事部門窓口へご相談ください。

育児休業中

● 復職のための準備
- 会社へ就業条件の確認
- 短時間勤務、残業免除制度の利用申出
- 保育所入所の申込（市町へ）
- 育児・家事の分担について家族で話し合う　など

子が1歳に達するまで　← 1歳 →　延長1歳6カ月、2歳まで

育児休業

● 産後パパ育休（出生時育児休業）
- 子の出生後8週間以内で4週間まで取れます。産後パパ育休開始予定日の原則2週間前までの申出が必要です。

● 1歳6カ月、2歳までの育児休業の延長
- 1歳の誕生日時点、1歳6カ月に誕生日応当日時点において保育所（認可保育所）に入所申込みをしていて入所できない場合等には、原則2週間前までの申出でそれぞれ1歳6カ月まで、2歳までの間で育児休業を取得できます。

● 育児休業給付金・出生時育児休業給付金（ハローワーク）
- 1歳未満の子（保育所に入れないなどの事情があれば最長2歳に達する日まで）を養育するために育児休業を取得した等、一定要件を満たした方が対象で、原則として休業開始後6カ月間は休業開始前賃金の67％、休業開始から6カ月経過後は50％が支給されます。

● 出生後休業支援給付金　※2025年4月〜
- 男性は子の出生後8週間以内、女性は産後休業終了8週間以内に、被保険者とその配偶者が共に14日以上の育児休業を取得する場合等に、被保険者の休業期間について、28日を限度に、休業開始前賃金の13％が支給されます。

● 育児時短就業給付金　※2025年4月〜
- 2歳未満の子を養育するために時短勤務をしている場合に、時短勤務中に支払われた賃金の10％が支給されます。

復職後

● 復職後に利用できる制度
- 育児時間（女性のみ、1歳まで）
  1日2回、各30分
- 短時間勤務（3歳まで、1日6時間勤務）
  ※2025年10月からは、3歳〜小学校就学までの間も可能になる場合あり
- 残業を免除することができる制度（3歳（2025年4月からは小学校就学）まで）
  会社で決められている始業から終業までの時間を超える労働を免除
- 子の看護（等）休暇（小学校就学（2025年4月からは小学校3年生）まで）
  子が1人なら年5日、2人以上なら年10日
- 時間外労働の制限（小学校就学まで）
  1カ月24時間、1年150時間を超える時間外労働を制限
- 深夜業の制限（小学校就学まで）
  午後10時から午前5時の労働を制限

● パパの育児参加
- パパはママの出産予定日から育休をとれます。
- ★パパは2歳までの間で最大育休を6回とれます
- 産後パパ育休を2回まで
  （はじめに2回分まとめて申出）
- 1歳までの育児を2回まで
  （取得の際にそれぞれ申出）
- 1歳6カ月、2歳までの育休をそれぞれ1回
- ★パパママ育休プラス
- 育休は通常1歳までですが、パパママともに育休をとると、1歳2カ月までの間で1年間育休を使えます。
  ※1歳2カ月の育休申出時点で、配偶者が先に育休を開始していることが要件。

制度
・小学校就学（2025年4月からは小学校3年生）まで年5日の休暇取得可能（1人の場合）
・小学校就学まで時間外労働の制限（1か月24時間、1年150時間を超える）
・小学校就学まで深夜業の制限

　このような制度があるものの、例えば「ウチにはそんな制度は無い」ということで年5日までの休暇を取得できなかったケースもあります。このあたりでよく誤解されているのが、休んだ日でも給与を出す必要があると思っているパターンです。ここはノーワーク・ノーペイの原則で、休んだ分は無給でOKです。月給者であれば欠勤控除することとなります。

　人手不足で休まれたり、短時間勤務だとキツイという事情もあると思います。でも、ほかの女性従業員は会社がどのような対応を取るのかをしっかり見ています。なるべく本人の希望を叶えられるよう努めるようにしましょう。

賃上げが難しい会社が取るべき対応

　原材料価格高騰による物価高の影響から賃上げ要請が高まっています。同時に最低賃金も目安となる3％を超す上昇率で、パートスタッフの多い地方の会社の人件費は増加しています。最低賃金は遵守しなければならないものの、地方ではその他社員の賃上げが難しい会社があるのも事実です。原資確保が困難でも、将来的な投資の意味合いで賃上げしている会社もあります。それでも、なかなか賃上げに踏み切れない会社があるのも事実です。

　同業他社が賃上げを実施しているなか、現状維持とするリスクとしては、離職率の増加、入職率の低下が挙げられます。具体的には、賃金が上がらずモチベーションが下がり退職につながる、賃金水準として見劣りするため求職者の応募につながらない、といったケースが懸念されます。

　では、賃上げができない会社はどうすればいいのか……「働きがい」を強く進めていくことをオススメします（第4章で詳しく解説しています。図表17のハーズバーグの二要因理論をご覧ください）。

経営者がよく「社員のモチベーションを上げるため賃金を上げる」とお話していますが、そこには誤解があると思います。賃金を上げても基本的にモチベーションは上がらず（長続きせず）、正確には賃金に不満があるとモチベーションが下がるということになります。

つまり、賃上げをしないリスクは社員のモチベーションが下がるということです。やる気が上がる仕組みというのは図表17のように、昇進や成長機会、承認や認知、仕事の責任、達成感、やりがいのある仕事であり、そもそも別ものとなります。理解して覚えましょう。

8 給与計算担当者の負担を軽減する

労務管理をする際に重要な項目のひとつに給与の締日・支払日が挙げられます。業歴が長い会社では現金支払いだった時代のなごりか、締日・支払日のスパンが短い会社が多く見られます。

例えば20日締め・当月25日支払。締日から支払日までが5日間しかなく、振込が一般的となった上、給与計算が煩雑になった現在においては事務担当者の負担は相当なものとなります。15日締め・当月25日支払や月末締め・翌月10日支払といった10日間スパンの会社も多く見られます。が、土日を外すと数日しかなく、また従業員数によっては多忙を極めます。

人数が多くなっても5日もしくは10日スパンのままという会社もあり、その影響か頻繁に給与計算担当者が退職して、その都度あたふたしている事業所も見られます。どの程度担当者に負担がかかっているのか見定める必要があり、それが大きければ退職につながる可能性があるため、適切な対応を取らなければなりません。

実際に最近の依頼の多くは、「事務担当者が退職するため給与計算をお願いしたい」といった内容が多く、なかには精神疾患で離職したからという理由もあります。

もし締日・支払日のスパンが短く、給与担当者の負担が大きいというのであれば締日もしくは支払日の変更をオススメします。ちなみに筆者の関与先

でもっとも多いのは月末締め・翌月25日支払で、それより長い月末支払もあります。締日から支払日までが長くなると、従業員には支給を待たせてしまう反面、給与担当者の負担は軽減し、また会社の運転資金にもプラスの影響があります。

　経営状況があまり芳しくなく人手不足状態の地方の会社では、長めに取った方が望ましいと感じます。

　新しく創業した最近の会社は締日・支払日のスパンを長めに取っている会社が多く、筆者のオススメも月末締め・翌月25日支払です。この位のスパンであれば、仮に給与担当者が退職して社労士事務所に給与計算を依頼したいとなっても「スパンが短いから難しいですね」となることはありません。

　ただし、締日もしくは支払日を変更する際は注意が必要です。まずは締日の移動から検討するわけですが、例えば15日締めを月末締めに変更した場合（支払日は同じ）、一度だけ対象期間が30日ではなく15日となります。この際、給与支払を満額にするか日割りにするかの問題が発生します。原則的に考えると15日しか労働をしていないので日割りとなるものの、いつもの半分の給与支払となるため、なかなか従業員の理解を得にくかったりします。

　したがって満額を支給する会社が多いです。ただそうなると、退職する際に会社負担が大きくなるため、そのへんは会社側がしっかり理解しておく必要のあるところです。

　また、月末締め・翌月10日支払の会社の場合であれば、支払日を延ばせるか検討することとなります。25日支払にすると、支払日が15日遅くなるため、従業員の個人的な支払いの有無等を考慮し、一時的に貸付金や前渡金制度を作って対応するケースが多いでしょう。

中核を担う人材の介護離職を防ぐ

　高齢者人口が増え続けています。地方にいけば、65歳以上人口が全体の50％を超える限界集落も珍しくありません。そのような状況において、家族の介護をするため会社を辞める離職者は約10万人に上ります。介護には、管理職として働いていたり、中核を担う40〜50歳代が直面するケースも多く、「どうすればいいのか分からない」と悩む人も少なくありません。働きながら介護もできるような制度と体制を構築していきましょう。

　多くの従業員は育児休業と同じように介護休業という制度があるのを知りません。「介護休業」は対象家族1人につき通算93日まで3回を上限として取得可能、「介護休暇」は、1人であれば年5日まで、2人以上であれば年10日まで、1日もしくは半日単位でも取得可能です。また、「所定労働時間の短縮措置」や「所定外労働の制限」、「時間外労働の制限」、「深夜業の制限」などの制度があります。

　まずは「実態把握」が必要となります。従業員の介護の実態や仕事と介護の両立への不安など、課題を的確に把握することが大事です。参考となる実態把握調査票は、厚生労働省ホームページ「仕事と介護の両立支援〜両立に向けての具体的ツール〜」からダウンロードできます。そのほか動画や実践マニュアル等も豊富です。積極的にご活用ください。ちなみに、一身上の都合で退職した人の中に介護離職者が含まれていた可能性もあります。このようなケースを防ぐためにも、実態調査は有効となります。

　つぎは「制度設計・見直し」です。介護は子育てと違い、いつまで続くか分からない場合が多いため、休業をしやすい職場の雰囲気をつくると同時に、休暇や短時間勤務といった働き方が可能なのか考えてみましょう。以下の4項目について確認してみてください。
　①法定の基準を満たしているか
　②自社の制度の趣旨や内容が従業員に周知されているか
　③自社の制度の利用要件が分かりやすいか、手続きは煩雑でないか
　④自社の制度が従業員の支援ニーズに対応しているか

つぎは「介護に直面する前の従業員への支援」です。育児と違い、介護は直面する時期を予測することが難しいため、事前に情報提供などのサポートを行うことが大事です。具体的に以下の項目について取り組んでみましょう。
　①仕事と介護の両立を会社が支援するという方針の周知
　②「介護に直面しても仕事を続ける」という意識の醸成
　③仕事と介護の両立支援制度等の早期の情報提供、従業員申出時に個別周
　　知・制度利用の意向確認
　④介護について話しやすい職場環境の醸成
　⑤介護休業に関する研修の実施や相談体制の整備
　⑥介護が必要になった場合に相談すべき「地域の窓口」の周知
　⑦親や親族とのコミュニケーションを図っておく必要性のアピール
　地方の小規模な会社は詳しい人がいないためか、「ウチにはそんな制度ありません」と説明している会社を見かけることがあります。介護離職の理由に、「仕事と介護の両立が難しい職場だった」、「自身の心身の健康状態が悪化した」というものがあり、このあたりは会社の協力を得られなかった可能性があります。そのため「①仕事と介護の両立を会社が支援するという方針の周知」はとくに重要です。経営者自らぜひ発信していただければと思います。
　つぎは、「介護に直面した従業員への支援」です。離職を防ぐためにも会社の理解とサポートが欠かせません。具体的な取り組みは以下となります。
　①相談窓口での両立課題の共有
　②企業の仕事と介護の両立支援制度の手続き等の周知
　③働き方の調整
　④職場内の理解の醸成
　⑤上司や人事による継続的な心身の状態の確認
　⑥社内外のネットワークづくり
　このあたりはより細かなサポートが必要です。厚生労働省が発行している「企業における仕事と介護の両立支援実践マニュアル」を熟読して進めていただければと思います。
　会社としては中核を担う社員の離職を防げるいっぽうで、現場の人出不足

感はさらに増します。制度に理解を示しながらも腰が重くなる経営者の気持ちもよく分かります。ただ、10年〜30年勤務し、会社のスタイルを熟知した40〜50歳代社員の退職ほど痛手はありません。

　そのため、仕事内容を見直し効率化を図り、残業をしない、短時間勤務も可能といった働き方ができるよう現段階から見直しを進めてみましょう。以下は厚生労働省の「働き方の工夫を考えよう」チェックリストから紹介しています。生産性を向上させるためにもぜひ実践してみてください。

●効率的な働き方を習慣化する
　□ 残業を減らすために、メリハリのある働き方を心がける
　□ 作業リストを作成するなど、業務に優先順位をつける
　□ 1日の繁忙時間と閑散時間を見極め、閑散時間に雑務を処理する
　□ 定期的に業務の棚卸しを行い、本当に必要な業務かどうかを検討する
　□ 会議は、議論すべき内容や終了時間をあらかじめ決めた上で開催する

●仕事の配分方法を工夫する
　□ 特定の者に仕事が偏らないようにする
　□ チーム制を導入するなどして、複数人で仕事を担当できる体制を整える
　□ 特定の1つの仕事だけでなく、一人ひとりが複数の仕事に対応できるような能力開発を行う
　□ 勤務時間が短い者あるいは残業ができない者が担当可能な仕事の範囲や仕事量を把握する

●仕事の「見える化」を行う
　□ 仕事内容の一覧を作成するなどして、仕事内容の「見える化」を図る
　□ 仕事のフローチャートやマニュアルを作成するなどして、仕事の手順の「見える化」を図る
　□ 今、誰が、どのような仕事を担当しているかを把握する
　□ 上司と部下、職場のメンバー間で、それぞれの仕事の進捗状況を共有する

●権限委譲の仕組みを整備する
　□ 日ごろから、不在時の引継ぎ事項を意識して仕事をする
　□ Ａさんが不在のときはＢさんが、Ｂさんが不在のときはＣさんが担当するなど、職場内での権限委譲のルールを設定する
　□ 管理職不在時の権限委譲のルールを設定する
●相談しやすい職場風土をつくる
　□ 部下に対して、「介護はすべての人に起こり得るものであること」を伝える
　□ 部下に対して、仕事と介護の両立を積極的に支援し、相談にも対応するという姿勢を見せる
　□ 部下に対して、家庭の事情（介護を行う可能性など）を把握するための声掛けを行う
　□ 部下が相談しやすいよう、日頃から部下との信頼関係を大切にする

　介護中の従業員の多くは、「自分が休んだり早く帰ったりすることに対して、職場の人は不満を感じているのではないか」という不安を抱えています。小さなお子さんがいるスタッフも然りです。

　しかし実際のところ、「困ったときはお互いさま」との認識を持つ従業員が多くいるいっぽうで、そうではない一部スタッフがいるのも確かです。お互いさまの意識をもち、安心して働ける職場にするために、経営者や上司が部下の不適切な言動を見かけた際はしっかり対応していただければと思います。

第4章

社員にイキイキと能力を100%発揮してもらうべし
（モチベーション向上支援）

1 社員のモチベーションを上げ能力を100%発揮させる

(1) モチベーションアップの仕組み

　地方にいけばいくほど人手不足感が強くなります。若い人がどんどん都市部へ就職し、町や村で20代を見かける機会も少なくなります。そのような状況だからこそ目の前の仕事で日々多忙となり、社員研修や業務改善が疎かになりがちです。でも、これからの人手不足時代を生き抜くためには第5章の「生産性向上」が欠かせません。この生産性向上には従業員のやる気も大きく関係していきます。ここではモチベーションアップの仕組みについて考えていきましょう。

　まずは筆者がカスタマイズしたハーズバーグの二要因理論をご覧ください（図表17）。

図表17　ハーズバーグの二要因理論の図解

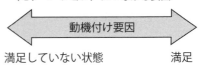

出典：筆者作成

　左側は賃金や労働条件、対人関係などの衛生要因で、充分でないと不満をもたらすが、充分であっても満足はもたらされず、やる気を引き起こさない

もの。例えば、給与を5,000円上げました、年間休日を数日増やしました、社内の風通しを良くしました・・・この場合、社員の不満が減少するという効果は見込めるが、だからといってモチベーションが上がる（もしくは持続）ワケではありません。何となく感覚でも理解できるかと思います。

いっぽう、動機付け（モチベーション）要因は、成長機会や承認、やりがいのある仕事などが挙げられ、仕事に対する満足を生み出し、積極的な動機付けにつながってきます。例えば、仕事内容を上司に褒められた、難しい業務をやり遂げた、自身の成長に手ごたえを感じている、人の役に立つという貢献感を覚えるなど、衛生要因とは根本的に異なります。皆さんも過去を振り返れば、このように感じたことがあるのではないでしょうか。

つまり賃金や労働条件を良くしたとしても、不満足は減少するが満足が向上するわけではなく、あくまで不満足の改善にすぎません（とはいっても賃金は大事ですが）。また、仕事への満足を引き起こす要因と、不満足を引き起こす要因はそれぞれ別ものであるから、例えば満足度は充分あるが不満足度も高いといった状況もあり得るのです。例えば、スタートアップ企業で会社の成長に伴い、仕事の責任や成長機会は十分あるが、休みもなく残業も多いといったケースです。

これらから、従業員の満足を向上させモチベーションを上げるには、動機付け要因にアプローチする必要があるということです。このあたりは図表も見ながら複数回読んでいただき、ゆっくりと確実に理解してもらいたいところです。

（2）経営者がやりがいをつくる

労務管理で意外と盲点になっているのが、従業員の「感情の老化」です。ひとは年齢を重ねると意欲や好奇心が薄れ、感情が少しずつ衰えていきます。刺激や変化のない仕事内容であればなおさらで、毎日同じ作業を続けているとマンネリ化し、モチベーションは上がらず、当然ながら生産性にも大きく影響します。とりわけ地方には同じ作業の繰り返しの仕事が多くあります。

そこで大事なのが、それぞれの仕事でやりがいを感じられるように経営者が仕組みの構築に努めることです。前述した「教会をみせる」という話など

も参考にしてもらい、その職種のやりがいは何なのか、常日頃から模索し続ける必要があります。

（3）やりがいを高める地元への貢献感を明確に

　従業員のモチベーションを高めるには、連帯感、成長感、貢献感がとても重要です。とりわけ貢献感は効果大。会社に貢献、部署に貢献、顧客に貢献、地域に貢献などその幅は広い。とりわけ地方にいけば生活に欠かせない職業がメインとなり、また知り合いが多く距離感も近いため、仕事の流れでお客さんから感謝の声が届いていると思います。でもその声、担当者まで届いているでしょうか。社内で共有できるような仕組みを作って、従業員のやりがいを刺激しましょう。

　参考となる事例をご紹介します。今から約10年前、青森県西南部、日本海沿いに位置する人口約7,000人の深浦町において、ご当地グルメがスタートしました。きっかけは東日本大震災発生後、町の観光産業に危機感をもった役場観光課の鈴木治朗さんの「地元への想い」。

　自身が休日の際に「新OMOTENASHIご当地グルメ」の講演へ参加し、その場で講師へ協力を依頼しました。参加を名乗り出た飲食店の料理人と試作を繰り返し、約1年後、深浦マグロステーキ丼がデビュー。爆発的な人気で1年目に約4万食を販売、デビュー10周年となる2023年6月に累計販売275,964を達成しました。

　このような取り組みを続けてきた飲食店オーナーに「町への貢献感みたいのは感じますか？」と質問してみました。

「町外から来る観光のお客様の数が飛躍的に増えているのを実感した」
「地元のマグロ漁師さんも食べに来てくれて逆に笑顔で感謝された」
「忙しくて戦場だったけど従業員にも一体感が生まれたり、やって本当に良かった」
「町民の皆さんが、マグステ丼を周囲に勧めているのを聞いて誇らしくなった」
「自分たちの活動に対して表彰されることが多くてびっくりしたし、嬉し

かった」
「ずっと、町のために何かしたかったが、その機会を与えてくれたのが新・ご当地グルメの開発だった」
「深浦のマグロのおかげ。もっと早くやるべきだった（笑）」
「マグステ丼デビューの際にこれから深浦を大いに盛り上げたいと思います！と挨拶しましたが、またあのドキドキ感、ワクワク感を味わいたい」
「マグステ丼の活動がマグロの市場価格にまで影響して地域経済にも大きなプラスになった」
「今までは（人が来ないのは）町や地域、人のせいにしていた。みんなが、町のために何かをしたかった。マグステ丼に関わったことで、人のせいじゃない、自分たちが変われば、自分たちが動けばできるんだと感じました」

　もともと、従業員の労働の対価としては、「金銭的報酬」、「ポスト的報酬」、「仕事的報酬」が中心でしたが、現在は４つ目の「精神的報酬」が注目されています。若者をメインに給与や役職以上に「誰かの役に立っていると感じられる仕事かどうか」で会社を選ぶ人が増えています。普通に働き金銭報酬を得ながら、同時に貢献感で精神的報酬ももらえるのが理想ではないでしょうか。

（４）承認欲求を満たす

　ひとは誰しも他者から褒められたいという思いがあります。SNS の「いいね」がまさにそれ。職場で考えると、上司から評価されたい、同僚から認められたいという本能があるものの、このような承認欲求が満たされている従業員はごく一部というのが多くの会社の現状です。
　承認欲求を充足するやり方や仕組みは様々ですが、社員のささいな頑張りや努力を見逃さず常日頃、「認める」、「褒める」という意識を経営者や上司が高めつつ、「否定しない」、「話を聴く」、「労をねぎらう」といったことも実践していくと、経営者の予想以上に効果を発揮することでしょう。
　よく経営者からこんな相談を受けます。「従業員のやる気を上げたいので給与をアップしたいのですが、いくらが妥当でしょうか？」

前述したように、そもそも給与をアップしても基本的にモチベーションは上がりません。もし仮に上がったとしても一時的なもので、それに慣れてしまうと「もっと欲しい」といった感情になるパターンが多いでしょう。
　さらに地方にはあまり利益が出ていない会社も少なくありません。一定水準より低い給与額は不満足の原因となり離職率が高まるものの、やる気を上げたいから給与をアップするのは効果が少ないばかりか今以上に経営を圧迫します。あまり費用をかけられない会社でも、お金をかけずに従業員のモチベーションを向上させる策にトライしましょう。「ウチは給与が低いから従業員のやる気も低くても仕方ない」ではなく、経営者の取り組み次第となります。ぜひ地道に取り組んでいきましょう。

（5）働きやすさと働きがい

　皆さん、今注目されている「働きやすさ」と「働きがい」をご存じでしょうか。図表17で紹介したハーズバーグの二要因理論でも分かる通り、左側の衛生要因が働きやすさ、右側の動機付け要因は働きがいです。働き方改革や働きやすい職場環境作りへの意識の高まりで働きやすさはかなり進んだように思います。残業は減少し、休日は増加、ハラスメントも全体では少なくなりつつあります。
　そのいっぽうで、働きがいは世界と比べても低空飛行が続いています。働きがいは経費をかけずにできるものも多いため、とりわけ地方の会社では積極的に取り組んでもらいたいところです。
　働きがいの取り組みについて紹介します。

●継続的に学びの機会を設け人材育成を図る
　自身の成長を感じることは働きがいにつながります。新しいスキルや知識を獲得することにより、自身の能力アップを感じることができます。研修やオンラインセミナー、資格取得支援、社内検定など、自社に合った成長機会をなるべく設けましょう。

●権限や責任の拡大
　社員の経験や意欲から、適切なタイミングで昇進や新しいプロジェクトを任せるといった能力を拡大させる機会を与えることが重要です。会社からの期待も感じられ、モチベーションが上がり成長が促進されます。

●承認を感じられる仕組みを作る
　前述した承認欲求が満たされる仕組みを作る必要があります。就業規則に規定されているがあまり実行していない社内表彰や、ありがとうカード等の導入により、マンネリ化した日々に変化を与えましょう。

●達成感を得られる目標設定をする
　具体性がありつつ、ちょっと難しい目標設定にしましょう。目標を達成した際は達成感を得られるよう、一緒に喜びを分かち合いましょう。

●自身の仕事が誰の役に立っているのか
　日々の仕事の多くは同じ作業の繰り返しです。マンネリ化は避けられません。ですが、この業務で誰がどのくらい助かっているか。誰もやらなければどうなるのか・・・経営者も改めて考え、月に１度程度でも繰り返し説明しましょう。

●エネルギッシュな社風とする
　地方には大人しい人が多いです。筆者が住む青森市も例に漏れず、口数が少ない経営者が多いように感じます。でもやはり、リーダーシップに優れた熱量ある経営者に従業員はついていきます。性格的な要素の強いリーダーシップは難しいにしても、熱量ある経営者になることは可能です。仕事へのやりがいも変わってくるでしょう。
　例えば、アントニオ猪木スタイル、小泉純一郎元首相スタイル、いずれもカリスマと呼ばれる人はエネルギッシュ、ダァーッ。可能な限りで結構です。ぜひ意識してみてください。
　理想は、働きやすさが高く、働きがいも高いといったプラチナ的な会社

です。例えば大手飲食チェーンでは、残業が多く休日も少なく働きやすさは低いものの、頑張れば店長に昇格できる、仕事を任せてくれるなど、働きがいは高いという、ガツガツ働くパワフル系の会社もあります。いっぽうで、残業は無く週休２日制、対人関係も良好という働きやすさは高いが、やる気の無い社員が多く、低い働きがいが目立つという会社もあります。

　ここはしっかり分けて考える必要があります。働きやすさも働きがいも高い会社を目指していきましょう。

（6）異業種間インターンの効果

　地方はつながりが強いという特徴があります。そのため、それを活かして、業種の異なる知り合いの会社経営者に依頼し、従業員を１日体験入社させてもらうことをオススメします。普段では学べない、知識やスキルを得ることができ、またマンネリ化を防ぎ、モチベーションが向上する効果を期待できます。

　例えば、クルマと向き合う作業が多い自動車整備士が美容室に体験入社するとします。普段は接客する機会が少ないが故に苦手意識を持っている整備士も多く存在します。でも、今は整備士でも最低限の接客能力は欠かせません。

　そこで接客のプロとも言える美容師に学ぶのです。お客さんに迷惑はかけられないため、経験というか見て学ぶといったイメージです。それだけでも充分勉強になるでしょう。今まで無かった視点やアプローチを学ぶこともできますし、新たな発見やアイデアを生み出せるかもしれません。

　以前、実際に美容室経営者の許可を取り付け、整備会社に打診したところ、経営者は興味がありつつも「整備士がイヤがるからな～」といった意見で現実にはなりませんでした。間違いなく本人にとってもプラスにはなるものの、職種や年齢によってはこのようなケースも考えられます。２人で行く、本人が知っている会社に行くなど、ハードルを下げつつ、ぜひ実践していただければと思います。

（7）クラウドサービスで気持ちを見える化

　このようなモチベーションやスキルアップが図れる取り組みを実践していくと意識や気持ちは変わっていても、感情を表に出さない従業員もいるため、「どの程度効果が上がっているのかな～」と感じることも多いと思います。そんなとき、見えづらい人の感情を"数値"や"グラフ"といった見える化ができれば、上司も対応策を取りやすくなります。

　最近は複数のクラウドサービスでこのようなシステムを提供していて、中でも私のオススメが、組織力向上プラットフォーム「Wevox」（ウィボックス）です。毎月従業員に3分程度で終わるアンケートに答えてもらい、それを集計・分析することにより「成長に対する承認」、「やりがい」、「ワークライフバランス」、「達成感」、「上司との関係」等の状況を把握することができ、必要に応じて改善アクションを実行します。このサービスは余計な機能が付いていないため、月額300円／人と導入しやすい料金プランとなっているのも特徴です。

　このような新しいシステムも利用しながら、"社員がイキイキ働く組織"を構築していただければと思います。

【現場からの声：株式会社精養軒】
従業員満足度にこだわる経営者姉妹！

　30年以上前から青森市内に和食ファミリーレストラン「あじ菜」やとんかつ専門店「かつ美亭」などを経営する精養軒。長年に亘り従業員満足度や社員のキャリアアップを徹底的に追及している松江英代代表取締役専務にお話を聞きました。

■なぜ従業員満足度にこだわるのでしょうか。

　創業した父、そして母へ、現在の私たち姉妹に至る63年、"飲食業に携わる者の地位を向上させたい"、"働きやすい職場環境を整えたい"という想いで走ってきました。労働条件の向上もそうですが、お客様と従業員を対等の立場にしたいと考えていたからです。このような強い正義感が私の活動の源泉になっていると思います。

■どのような取り組みを実施しているのでしょうか。

　20年以上前から、ありがとうノートというものをやっています。スタッフ同士で、「あのときに手伝ってくれてありがとう」とか、お客様から言われた感謝の声などを毎日ひと言書いてもらっています。恥ずかしかったり、忙しかったりで言えないケースもありますので、感謝の気持ちを伝えることにより、スタッフ間のコミュニケーションが充実したように思います。

　特にサービス業はチームプレイで、このような取り組みはとても大事だと実感しています。しかし、やり始めた頃はなかなか書いてくれませんでした。それでも根気よく声がけをして続けたことにより、今では皆が自然と書いてくれるようになりました。

　また、スタッフの研修にも力をいれています。初級、中級、キャリア、未来塾、帝王学といったコースがあり、内外から講師を立てて定期的に開催しています。

　忙しいと研修が疎かになりがちですが、現場では学ぶことができないところを座学で習得するのは本人にとっても会社にとってもかなりプラスになると思っています。実際に受講したスタッフからも「会社が自分を大事にしてくれていると感じる」といった声を聞きます。

　店舗経営では、クオリティ、サービス、クリーンリネス（QSC）を大切にし、その象徴として月に1度QSC会議を開いています。この部分は弊社社長が絶対的な基本中の基本であると特に大切にしており、その意が強く働いています。これを元に、やるべき事や改善点といった目標を明確に設定し、実施できていたかを振り返り、できていなかったらその理由を考え、トライするといった流れをとっています。

　例えば、「お客様に料理を提供したら一礼する」といった基本的のところや、実務で気が付いた改善点などが目標として上がります。これらを口頭と紙ベースで行ってきましたが、10年ほど前からweb軍師というクラウドシステムを利用して管理しています。

　財務、顧客、業務、人材の4つに大別され、それぞれの目標を共有しています。以前のような個々のメモを受け取る感覚ではなく、皆が同じ情報を共有（見える化）し、会社全体の目標・問題を一緒に考えながら進めていっています。

■難しいのはどのような点でしょうか。

　そうですね〜、やっぱり人によっては面倒だったり、恥ずかしいだったりで退職につながったケースはあります。会社が良かれと思ってやっていることでも、性格的に合わない方もいますので、その辺が難しいところですね。また、長く続けているとマンネリ化は避けられないと思います。その際はゲームの要素を取り入れたりして、なるべく楽しく続けられるような工夫をしています。

■地方の会社へのアドバイスを。

　「儲かる」からとか「食べていく」だけだと、これからの会社経営は難しいような気がしています。今以上に「モノ」から「ココロ」を重視する必要があると思います。そのせいか一番嬉しい瞬間は多くの"売り上げ"ではなく、"お客様からお褒めの言葉をもらった瞬間のスタッフの笑顔"なんです。あとは忍耐ですかね！

管理職の育成に力をいれる

（１）おとなしい社員が多く注意できない

　地方にはおとなしい人が多く、会議では誰も発言しないという会社も多いのではないでしょうか。ただ、消極的な性格だとしても、数年勤務すると部下を持つこととなり、上司としての役割を担うこととなります。

　上司として最低限必要なのは、目に余る行動や言動があった際、まずはしっかりと注意できるかどうかです。ただ、注意には相応の労力を必要としますし、その人の性格によってはストレスにもなります。ですが、それを怠ると当事者が「あ、これは別に大丈夫なんだな」と思ってしまい、その行動を繰り返し、さらにはエスカレートする可能性もあります。会社的には人間関係が悪化したり、規律が緩んだりとマイナスの影響しかありません。

　前述したように近年はパワハラを過度に恐れるあまり、部下を放置する上司も増えてきました。パワハラのような心身に与えるダメージは少なく目立

たないものの、組織運営を考えると同じくらい深刻な問題です。行動や言動の感覚はひとによって異なるため、注意されることで理解し改善するという流れに年齢は関係ありません。

　相手の成長のためということを常に意識し、マインドや人格を否定したり、感情的にならないよう気を付け、適切なタイミングで注意しましょう。

（2）自分たちが育ったやり方と同じ若手育成手法では難しい時代に

　筆者は49歳。20代の頃、今ならパワハラでアウトな上司が普通にいました。皆さんの周りもそうだったと思います。時代は変わり、世間の目は厳しくなりましたが、当時自身が受けた上司の指導方法を正しいと思い、同じような手法で部下を育成している方がいます。

　さすがに多少は気を遣っていると思いますが、パワハラ相談を受ける度、そこだけ時間が止まっているような雰囲気があります。パワハラは性格的要素と立場が強く関係していて、真逆な人もたくさんいるものの、当時の名残が忘れられない上司は要注意です。また、若手はきつくてもゆるくても退職につながったりします。繰り返しになりますが、会社として働きやすさと働きがいを追求していくことが大事です。

（3）圧倒的に少ない管理職研修が重要なワケ

　地方では従業員への投資が圧倒的に少ないです。費用対効果はとても高いと何となく感じてはいるものの、目の前の仕事が忙しい、人がいない、費用をかけられないといった理由により、多くの会社でOJT（現場で実際に仕事を進めながら先輩から仕事を教わる）が中心となっています。

　また地方での昇進の流れをみると、年齢が上がったから、勤務年数が長くなったから、前任者が退職したからといったケースが多いと思います。それはそれで良いのですが、その際に管理職研修を実施することをオススメします。

　役職により求められるスキルや責任は異なります。例えば一般職から主任になって、さあやりなさい、とはいっても何をやってもいいのか分からず、とりあえず前任者や周りの主任の真似をするしかありません。しかし、その

人達の行動が適切だとは限りません。まずは研修でしっかりその役職に求められている業務等を勉強する機会を設けてあげることが重要です。

近年、人材を「資本」として捉え、その価値を最大限に引き出すことで、中長期的な企業価値向上につなげる人的資本経営が注目されています。大企業のようにはいかないでしょうが、なるべく社員の能力向上を育む機会を設けていただければと思います。

地方の会社の福利厚生術

（１）実情に合わせた福利厚生

福利厚生とは、従業員へ支払う賃金以外の報酬といえます。一般的に多いのは、住宅関連費用（社宅や住宅手当など）、生活支援費用（給食、育児支援など）、そして健康関係、レクリエーション関係、慶弔関係などが上げられます。従業員の満足度を向上させ、人材を定着させることが主な目的となります。

前述したように、近年の若者は会社を選ぶ際、福利厚生の中身を重要視するようになりました。賃金以外の報酬であるため当然ともいえますが、福利厚生はその会社のスタイルや思いが反映されるため、その点も判断材料としているのかもしれません。

とはいっても、経営状態に余裕のない地方の会社に「御社の福利厚生を教えてください」と聞いても、「何もないですよ」という回答が多い印象です。ただ、福利厚生の幅は広いため、よくよく聞いていくと、ウォーターサーバーがある、たまに飲み会がある、社員旅行がある、作業着をクリーニングに出している、冷蔵庫にお茶やスポーツドリンクを常備している、誕生日休暇があるといったものが出てきます。

資金的に余裕があれば頭を悩ますことはありませんが、ささいなものでも十分です。地方の実情に合わせた福利厚生を一緒に考えてみましょう。

（2）費用はかけなくても気持ちに届くものを

　福利厚生に予算をかけられず、また人手不足で休日を増やしたりするのも難しいとなると、実際のところ打つ手は限られてきます。そのような状況から考えるとしたら、従業員の気持ちにしっかり届くものが社員の満足度につながっていくと思います。

　大企業と違って、地方の小規模事業者は意識をして福利厚生制度を作っていないケースが多いです。日常業務の流れで「あっ、これ準備した方がいいかな」といったものを備え付けるという感じですが、これはこれで会社の思いの詰まった福利厚生制度となります。ただ、従業員にもしっかり認識をしてもらった方が効果的です。それを始めた理由を導入時に説明し、また定期的にきちんと利用してもらえるよう声がけをしていきましょう。

　そのほか、費用をかけられない分、気遣いや労力でカバーすることもできます。例えば、従業員の家族の誕生日にプレゼントやメッセージを送ることなど、一般的な福利厚生より効果は高いと思います。また、社長が直接従業員に自販機でドリンクを奢るなど、face-to-faceを意識したものもオススメです。小規模事業者だからできるものを中心に、自社にマッチした福利厚生制度を考えてみましょう。

経営者自らモチベーションに刺激を

（1）業界団体等のより積極的なサポートを求む

　地方にはあまり積極的でない人が多い（特に東北）と書きましたが、それは経営者にも言えることです。本来であれば会社トップであるため、積極的に本や新聞、雑誌等から情報収集して知識を増やしたり、会社見学やセミナーにも参加したりして、すぐ実践できる手法を学ぶべきですが、本来の性格からかあまり動いていない経営者も見受けられます。

　自身の会社だから自己判断ともいえますが、そこには従業員とその家族がいます。それゆえ、そのような経営者にも届くような情報発信が必要だと思います。そこでポイントになるのが、業界団体や商工会議所等の組織の情報

発信力となります。

　業種によっては、多くの会社が加盟しているその業界の団体組織があります。会費を支払って経営のサポートを受ける流れと思いますが、その多くは技術的なものが多いと感じます。時代を考えると、それプラス経営全般のサポートまで広げてもらいたいところです。

　具体的には、定期的に会員へ発送している冊子に力を入れてもらうことです。筆者は青森商工会議所会報誌の経営実践塾という記事を担当していました。毎月テーマを決め、前半２ページで専門家から経営に役立つ情報を解説してもらい、後半２ページでそれを実践している会社を紹介するというものです。参加が希望者となるセミナーとは違い、定期的に自動で送られてくる冊子は目にする方が多く、これなら積極性に関係なく経営の知識を得ることができます。

　どこの団体においても、発行している冊子や会報誌のネタに悩んでいます。毎回同じような流れでマンネリ化しているケースが多いと思いますが、やっつけではなく、本当に経営に役立つ情報発信や活動を実践していただければと思います。

（２）つながりを活かし、連携しながら能力を高めていこう

　繰り返しますが、地方は都市部より小規模な分、つながりが強いです。同業者であれば、多くの経営者同士が知り合いです。経営が難しくなっている今、単独で情報を収集し、考え、判断をしていくより、地方ならではのつながりを活かす方が得策です。

　現状でも飲み会等で会って経営雑談をすることはあると思いますが、もう一歩踏み込んで、勉強会や会社見学会といった経営者の能力を高められるような活動も有益です。それほど難しくもなく、音頭を取る人がひとりでもいれば進みますし、切磋琢磨している同業者であっても親しい仲であれば実現可能です。

　そのほかひとりでも良いので、本音で話せ、心から信頼でき、何でも相談できる経営者仲間を見つけることをオススメします。筆者にも士業でひとりいます。年齢が近かったり、気が合ったり、考え方が似ていると経営友人の

ような感じでやり取りが尽きません。そう簡単に見つかるものではないものの、そのような意識で活動をしていると案外、スッと出会えたりします。マンネリ化しがちな経営に対するモチベーションも刺激され、お互いの事業や意識を磨くことができます。

 ## 祭りの熱狂を日常にも

　皆さんの地域でも風土や歴史を反映した多種多彩な祭りがあると思います。筆者が住む青森市でも8月上旬に青森ねぶた祭が開催されます。普段大人しかったり、さほど活発でない人でも祭りには熱狂します。好きなことや楽しいものに、人は興奮し熱中します。

　その熱狂の一部分でも仕事に取り入れることはできないでしょうか。仕事だからと我慢しながらの業務であればムリですが、前述したようにやりがいを感じられるよう会社や上司が環境を整えてあげることは可能です。

　例えば料理人だと、お客さんからの「美味しい」のひと言が働きがいと言えます。ただ、一般的な飲食店ではホールスタッフがその声を聞くことはできても、果たして厨房の料理人に届いてますでしょうか。流れを整理するだけでも働きがいを向上させることはできます。前述した働きがいの部分も参考に、自社で改善できることはないか検討していただければと思います。

第5章

存続のキーワードとなる生産性を向上すべし（生産性向上支援）

特に地方で生産性向上が必要なワケ

(1)「1人当たり県民所得」と「1人当たり雇用者報酬」から探る

　内閣府公表の地域経済の豊かさを図る指標となる「1人当たり県民所得」(2020年度)をみると、東京都521万4,000円に対し、沖縄県の216万7,000円を始め、秋田県や愛媛県、熊本県など250万円前後の地域も多く存在します(図表18)。ここで大事なのは金額ではなく、その差です。都市部と地方では2倍程度の地域間格差があるのをお分かりいただけると思います。

　この指標は、企業や地方公共団体の所得も含み、また働いていない高齢者等も含んだ総人口で計算しているため、つぎは「1人当たり県民雇用者報酬」を見てみましょう(図表19)。東京都の577万3,000円に対し、もっとも差があるのは鳥取県の359万4,000円。そのほか300万円台後半として青森県や島根県、鹿児島県などが挙げられ、35%ほど低い報酬となっています。

　都市部と地方では物価や家賃が異なるものの、全国で同じ価格となる携帯代や旅行費、ネット通販の商品などのものも世間には多く、それらへの支出は都市部と比べて低い所得をさらに圧迫します。そうなると、経済的な豊かさは低いように感じます。実際、筆者が住む青森県では維持費をリーズナブルに抑えられる軽自動車のシェアが50%近いというデータもあります。

(2) 企業経営の視点からみた「労働生産性」の考え方

　ここ数年、人手不足、物価高、賃金の増加、感染症や天変地異への対策、度重なる法改正など経営の難度が上がっています。そんな労働力が不足する今後は「労働生産性の向上」に取り組むことが不可欠となります。経営者の皆さんであれば誰もが必要なことだと認識していると思いますが、まずはなぜ最近このワードがここまで騒がれているのか考えてみましょう。

　自動車整備士を例にすると、月に工賃売上で100万こなせる社員もいれば50万のスタッフもいます。経営者からみるとこの差は大きいですよね。みんな100万稼いでもらいたいですよね。そうすれば利益もしっかり残り、賃金を上げたり休日を増やしたり、設備にも投資できます。でも、地方の現状に

図表 18　1人当たり県民所得（2020年度）

各都道府県

（単位：千円）

都道府県	令和2年(2020)	都道府県	令和2年(2020)
北海道	2,682	滋賀県	3,097
青森県	2,633	京都府	2,745
岩手県	2,666	大阪府	2,830
宮城県	2,803	兵庫県	2,887
秋田県	2,583	奈良県	2,501
山形県	2,843	和歌山県	2,751
福島県	2,833	鳥取県	2,313
茨城県	3,098	島根県	2,768
栃木県	3,132	岡山県	2,665
群馬県	2,937	広島県	2,969
埼玉県	2,890	山口県	2,960
千葉県	2,988	徳島県	3,013
東京都	5,214	香川県	2,766
神奈川県	2,961	愛媛県	2,471
新潟県	2,784	高知県	2,491
富山県	3,120	福岡県	2,630
石川県	2,770	佐賀県	2,575
福井県	3,182	長崎県	2,483
山梨県	2,982	熊本県	2,498
長野県	2,788	大分県	2,604
岐阜県	2,875	宮崎県	2,289
静岡県	3,110	鹿児島県	2,408
愛知県	3,428	沖縄県	2,167
三重県	2,948	全県計	3,123

地域ブロック・政令指定都市

都道府県	令和2年(2020)
地域ブロック	
北海道・東北	2,730
関東	3,641
中部	3,184
近畿	2,828
中国	2,820
四国	2,656
九州	2,497
政令指定都市	
札幌市	2,703
仙台市	3,049
千葉市	3,046
横浜市	3,316
川崎市	3,531
新潟市	2,882
浜松市	2,936
名古屋市	3,709
京都市	2,815
大阪市	3,736
堺市	3,206
神戸市	2,935
岡山市	3,093
広島市	3,151
北九州市	2,575
福岡市	2,985

出典：内閣府「1人当たり県民所得」

図表19 1人当たり県民雇用者報酬（2020年度）

各都道府県　　　　　　　　地域ブロック・政令指定都市

(単位：千円)

都道府県	令和2年(2020)	都道府県	令和2年(2020)	都道府県	令和2年(2020)
北海道	5,003	滋賀県	4,428	地域ブロック	
青森県	3,836	京都府	4,449	北海道・東北	4,443
岩手県	3,927	大阪府	4,837	関東	5,055
宮城県	4,467	兵庫県	5,098	中部	4,706
秋田県	3,918	奈良県	4,505	近畿	4,777
山形県	4,140	和歌山県	4,109	中国	4,469
福島県	4,298	鳥取県	3,594	四国	4,252
茨城県	4,706	島根県	3,876	九州	4,298
栃木県	4,508	岡山県	4,502	政令指定都市	
群馬県	4,376	広島県	4,848	札幌市	4,490
埼玉県	4,628	山口県	4,284	仙台市	5,365
千葉県	4,900	徳島県	4,287	千葉市	5,245
東京都	5,773	香川県	4,563	横浜市	4,936
神奈川県	4,878	愛媛県	4,159	川崎市	5,386
新潟県	4,355	高知県	3,943	新潟市	4,609
富山県	4,408	福岡県	4,764	浜松市	5,076
石川県	4,548	佐賀県	3,902	名古屋市	5,196
福井県	4,368	長崎県	4,406	京都市	4,912
山梨県	4,792	熊本県	4,064	大阪市	5,881
長野県	4,573	大分県	4,298	堺市	4,934
岐阜県	4,545	宮崎県	3,985	神戸市	5,092
静岡県	4,411	鹿児島県	3,833	岡山市	4,493
愛知県	5,036	沖縄県	3,746	広島市	4,764
三重県	4,480	全県計	4,749	北九州市	4,631
				福岡市	4,840

出典：内閣府「1人当たり県民雇用者報酬」

おいては100万まで稼げていないため、収入も東京と比較すると3割〜4割程度低くなっています。

　今まではそれでも経営が回っていました。が、今後は労働力の不足、物価高による経費増加、最低賃金上昇を初めとした給与アップ等の影響により、みんなが100万稼げるようにしていかないと存続が難しい状況となっていきます。とくに給与についてはある程度の水準でなければ人材を確保できない時代になりつつあります。

　生産性を向上させるためには、デジタルの活用、業務の見直し、ムダ削減、モチベーション向上、単価の見直しとともに、社員の意識改革、コミュニケーションの促進、スキルアップなどにも取り組んでいかなければなりません。

　ただ、この生産性の向上は、職種によってトライの仕方が大きく変わり難度も異なります。とくに店舗系のサービス業は、とりわけ生産性が低いとされます。お客さんの入りに関わらずスタッフを常駐させなければならないため、利益があまり出ていない会社があるのも事実です。

　そうはいっても地方にも店舗は数多く存在します・・・ここからは青森県平川市で津軽おのえ温泉「福家」を経営しているタグボートの取り組みを見ていきましょう。生産性だけではなく、資金確保策、都市部から若者をUターンさせるブランディング戦略など、参考になる点が数多くあります。

　と、そのまま紹介したいところですが、その前に会社の経費増加に多大な影響を与える可能性のある社会保険の適用拡大について紹介したいと思います。

（3）社会保険適用拡大に備えるべし！

　前述したように、人手不足や経費増加により生産性向上が不可欠な時代となっています。さらには今後、経費の一部である法定福利費が大きく増加する法改正があると皆さんご存じでしょうか。それは社会保険加入の適用拡大です。何となく聞いたことはあるけど中身は知らないという経営者も多く、意外と盲点となっているため、この機会に確実に認識しておきましょう。

　まずは通常の社会保険加入者（被保険者）となる条件をおさらいしましょう。ざっくりいうと週所定労働時間がフルタイム労働者の3/4以上である従

業員が対象となります。つまり、フルタイム労働者が1日8時間、週5日勤務であれば週所定労働40時間となり、その3/4である週30時間以上勤務する従業員が社会保険に加入することとなります（厳密にいうと日数も関係あり）。ちなみに、加入の有無は会社や従業員の意思とは関係なく、労働時間等によって決まります。

そして、その際の会社の社会保険料負担額は、給与額に対して約15％（本人負担とほぼ同額の）。給与10万の方であれば約1万5,000円という考えになります。地方の会社では、なるべく社会保険に加入しない労働時間（週30時間未満など）のパートスタッフを多く採用し、社会保険料の負担を抑えている事業所も数多く存在します。

そのような状況のなか、社会保険の適用拡大が着実に進んでいます。図表20をご覧ください。2024年10月からは従業員数51人以上の会社において、一定の条件を満たしたパートスタッフも社会保険への加入が義務化されています。

図表20　社会保険の適用拡大イメージ

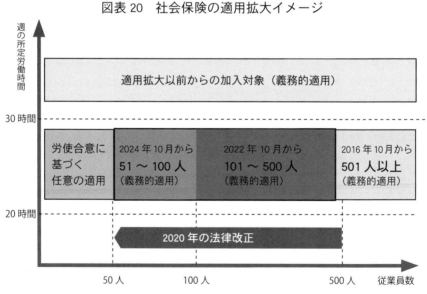

出典：厚生労働省「社会保険適用拡大ガイドブック」

ここで大事なのは「51人以上」の従業員数のカウント方法です。新聞等の報道では特に触れられてなく、「すべての従業員数」と誤認識されている経営者も多くいるようですが、正しくは「現在の厚生年金の適用対象者」となります。イメージとしては、社会保険に入っている従業員数です。また、法人は法人番号が同一の全企業を合計して、個人事業所は個々の事業所ごとにカウントします。

地方で「社会保険加入者51人以上」なると、それなりの規模となり、「ウチはまだまだ大丈夫」といった考えを持つ経営者も多くいると思います。が、有識者や関係団体などが議論を重ねてきた厚生労働省の「働き方の多様化を踏まえた被用者保険の適用の在り方に関する懇談会」では、この人数要件を撤廃する方向で議論が進み、政府もそのような方針を固めたようです。今後、何事も無ければ人数要件が撤廃されることでしょう。

開始時期は未定ではあるものの、101人以上から51人以上への拡大へは2年の猶予があったため、早ければ2026年10月からという可能性もあります。

ちなみに、パートスタッフでも社会保険への加入となる条件は図表21となります。すべてのパートスタッフが対象となるワケではありませんが、未加入者はかなりの短時間勤務になりますし、「加入しなくても良いスタッフを集めよう」と考えても昨今の人手不足ではそうもいきません。

図表21　パートスタッフの社会保険への加入条件

週の所定労働時間が20時間以上30時間未満
（※週所定労働時間が40時間の企業の場合）
契約上の所定労働時間であり、臨時に生じた残業時間は含みません。
※契約上20時間に満たない場合でも、実労働時間が2カ月連続で週20時間以上となり、なお引き続くと見込まれる場合には、3カ月目から保険加入とします。

所定内賃金が8.8万円以上
基本給及び諸手当を指します。ただし残業代・賞与・臨時的な賃金は含みません。
　含まれない例
　・1月を超える期間ごとに支払われる賃金（賞与等）
　・時間外労働、休日労働及び深夜労働に対して支払われる賃金（割増賃金等）
　・最低賃金に算入しないことが定められた賃金（精皆勤手当、通勤手当及び家族手当）

2カ月を超える雇用の見込みがある　|　**学生ではない**
※休学中や夜間学生は加入対象です。

出典：厚生労働省「社会保険適用拡大ガイドブック」

結局、現状のまま人数要件撤廃の時期を向かえるとパートスタッフが多い会社ほど、経費である法定福利費が増大します。賃金やほか経費が増加している現状において、地方では苦しい経営となっている会社が少なくなく、さらに「黒字額の減少」もしくは「赤字額の増加」となります。助成金等の支援もあるものの、あくまで一時的なものに過ぎず、もっとも重要なのはやはり生産性の向上であります。
　それでは続きとなるひとつの会社事例をみていきましょう。

【現場からの声：タグボート株式会社】
経営者の熱量が地方を救う！

■自社の生産性を向上させる
　まずは今の事業内容を見直しましょう。同社であれば、電話対応時間を現状の5時〜22時が9時〜17時に変更、温泉パック商品もすべてオンライン予約システムに切り替え、タイムカードだった勤怠管理をクラウドシステムへ移行、ラインワークスで部署間の情報共有を図る等しました。
　そのほか、一般的には単価の見直しが必要な会社も多いと思います。今までは「安ければ安いほど良い」という風潮がありましたが、今後は適正価格を強く意識して、「作業○○時間かかっていて原価が○○円でこだわりポイントはここ、だからこの価格」というのをきちんと説明でき納得してもらえる会社が存続できると思います。
　価格決めは経営そのものとも言えます。

■新たな事業も検討すべし
　つぎに本業とシナジー効果の得られる新事業も検討してみましょう。同社の場合、温泉施設に比較的時間の余裕がある午前中やランチ後を有効活用できること、生産性の向上が期待できること、人口減少の影響を受けにくい全国や世界に流通できること、地元の社会課題が解決できること、青森県らしさがあることなどから熟考し、そこから見出したのがりんごの果実酒シードル（クレイジーサイダー）とアップルブランデー（クレイジーデイズ）事業でした。

SWOT分析でみてみましょう。

	プラス要因	マイナス要因
内部環境	【Strength（強み）】 ・福家従業員の空き時間を活用できる ・製造した商品を、福家で直販できる ・過去に自社オリジナル商品を全国流通しているので、ノウハウを持っている ・代表者の水口が無類の酒好き（笑） ※弱みになる可能性も大 ・「食事に合うドライシードル」（食中酒）としてのPRは珍しいアプローチ ・ラベル張りは自社の障害福祉事業である就労支援B型の就労訓練で一緒に取り組める	【Weakness（弱み）】 ・お酒を製造した経験がない →近隣のシードルメーカーから学べる ・コロナで資金が不足している →事業再構築補助金でカバー ・青森県では沢山のシードルライバルがいる →全国・世界で見たらまだまだ市場規模小 ・全国へPR可能か →専門のブランド構築チームを外部に設けて弱みをカバー
外部環境	【Opportunity（機会）】 ・平川市には酒造メーカーが1社もないので応援頂けるチャンスがある ・平川市は青森県の中でも最高品質のりんごの名産地である ・りんご用冷蔵庫を活用できるので通年で仕入れられる（青森県以外の事業者は秋冬のみ） ・地域の加工用りんごの安定仕入れの一助になれる ・担い手不足のりんご園を未来、自分たちでシードル用の加工りんご園に生まれ変わらせるチャンスもある	【Threat（脅威）】 ・コロナ禍で全国流通のチャンスが低い →1年目は青森県をしっかりと固める ・日本国内では「シードル」文化が根付いていない →低プリン体などPR可能 ・シードルだけで未来を創れるか？ →シードルに加えアップルブランデーで「青森県のりんご酒メーカー」としての生き方を模索

　また、多額の借り入れをすると同時にリスクも高くなってしまうため、事業再構築補助金を活用し初期投資をできる限り抑えることにも成功しました。

■銀行融資以外の資金確保策

　シードル事業についてはリリース後、1年6か月ほどが経過していて順調に販売数を増やしていました。ただ、売れれば売れるほど資材購入などが増えて資金がかかり、またアップルブランデー事業への投資や運転資金も必要

となります。

　そこで同社では、クラウドファンディングに挑戦することに。2024年1月6日からスタートし、5日間ほどで目標額の500万を達成、終了となる2月25日までにネクストゴール2,000万もクリア。最終的に支援者1,011人から2131万4,500円を支援してもらいました。

■若者が熱望する会社を

　この事業について水口清人社長はこう語ります。

　「世界に認められるブランデーに育て、青森県のりんご産業と地域の子たちに未来の夢をもってもらいたい。そして東京に就職した青森県の優秀な若者が、この会社でワンチャン狙いたいと思えるような首都圏と変わらない収入とカッコいいメーカーを目指します。そして、自分たちの仕事が社会や地域の人の役に大いになっていると実感を得ることが何より重要だと思っています。」

　今回のクラファンの支援額＆支援者数のスピードや過熱ぶりをみると、地元の将来に不安を抱く県民がいかに多いのかを実感せざるを得ません。Ｕターンで若者が戻ってくれば都道府県の人口減少対策にもなりますし、なにより地元経済にも有益なことは言うまでもありません。

　ただ、それには同社のように若者が「地元に帰ってあの会社で働きたい」と思える魅力的な会社を目指さなければなりません。そこに欠かせないのは皆さん経営者の"熱量"であります。ぜひ皆さんの熱量で若者が憧れる会社を増やしていきましょう！

 ムダ改革

(1) 地方でムダ改革に取り組まないとダメな理由

　業歴の長い会社になればなるほど、ルーティンワークが発生しやすくなります。本当に必要な業務であれば問題ないものの、環境や状況が変わって不要となったのにも関わらず、あまり意識せずそのまま同じ作業を継続している・・・そんなケースありませんでしょうか。いわゆるムダな仕事です。従来から生産性を向上させるには欠かせないと言われてきましたが、近年は人手不足の影響と利益率の向上が必須となり、そのような仕事を省いていく重要性が増しています。

　例えば、あまり重要ではない一度の会議のため数時間かけて作る書類、必要以上に細かすぎる書類、成果や目的の分からない書類、過剰で非効率な棚卸し作業などのほか、不必要な残業で頑張っていることをアピールする時間、上司が帰らないことによる付き合い残業、誰も発言しない何となくやっている会議など、枚挙にいとまがありません。

　誰しもが感じているように、労働時間の効率化を日々図っていく必要があります。

(2) 地方のムダ改革の現状とは

　青森市で仕事をしている筆者ですが、たまに青森県内のほかの市や町の会社とやり取りをしたりセミナー講師を務めることがあります。青森県深浦町という小さな町出身のため、のんびりした雰囲気は好きなものの、その際、率直に「遅れているな〜」と感じることがあります。

　毎月の売上額を認識してなく、決算終了後に初めて損益を把握するというケースもありました。寡黙でマイペースな従業員も多く、都市部に比べるとムダ改革のハードルは高いようにも感じます。ただ、経営者の努力だけではムダの削減には限度があり、やはり実際に作業をしている従業員にもそのような意識を持ってもらい、「あれ、これ不要だな」と感じたら、上司に提案しムダを削り、作業の効率化を図っていかなければなりません。

このあたりは従業員の意識の高さに委ねてもうまくいかないため、改善シートといったものを定期的に提出させるなど組織的に取り組む必要があります。

（3）そのサービス必要ですか

　ここ数年は人手不足の影響で過剰なサービスが少なくなってきました。が、まだまだ不必要なものを省き、スリムにしていかなければ人手不足社会を乗り切れません。サービス業は特に、お客さんへのおもてなし合戦が激化していた時代があるため、セルフにする点や電話対応の時間帯等を改善している事業所も多いのではないでしょうか。

　サービスを削減するのも、そこに費やしていた時間が省略できるためムダ改革のひとつです。自社内で完結できるものから、消費者に理解を得ながら勧めなければならないものもあります。

　例えば、青森県はりんご栽培が盛んです。収穫前、りんごの色つきをまんべんなく赤くするため、日光を遮る果実上部の葉っぱを取り除く「葉取り」という作業があります。これは脚立を使いながらひとつずつ作業するため、膨大な時間がかかります。

　人手が不足しているりんご農家は「葉とり」作業に時間をかけられないため、「葉とらずりんご」の販売を開始しました。その名の通り、葉を取らない栽培方法で、メリットは前述した作業時間短縮のほか、収穫直前まで葉が光合成を促進できるため、糖度が高くジューシーだと言われています。デメリットはりんご表面にムラができまんべんなく赤いりんごとはなりません。つまり、見た目を犠牲にして味を良くしたりんごということになります。

　そのまま販売したのでは赤くキレイなりんごが売れますが、理由をしっかり説明すれば、糖度が高い葉取らずりんごも人気が出ます。さらに作業の省略化を図れるため、りんご農家としては嬉しい限りです。

　このように、「それは外せない」と思われている作業や手順も、一度本当にそれが必要か見直しをしてもらえればと思います。

（4）「企業のムダ調査」から分かること

　ここではリクルートワークス研究所が実施した「企業のムダ調査」を見てみましょう。最初に、「ムダな業務・作業、対応は、全体でどれくらいありますか」の質問に対し、まずムダな業務があると回答したのが、
- 経営者・役員 69.5%
- 組織長 72.6%
- 就業者 56.6%

また、全業務に占めるムダな業務の割合は、
- 経営者・役員　平均で 16.0%だが、30%以上と回答した人は 27.4%
- 組織長　平均で 21.7%だが、30%以上と回答した人は 37.1%
- 就業者　平均で 14.9%だが、30%以上と回答した人は 23.6%

　この結果により、経営者・従業員ともに日々の業務において多くのムダを認識していることが分かります。さらに、全業務のうち 30%以上がムダと回答した方が 20%以上いることは無視できない結果と言えるでしょう。

　次に、「あなた個人の仕事のムダを最大限減らしたとしたら、自分の労働時間はどれくらい減らせそうですか」を見てみましょう（図表22）。
- 経営者・役員　自身の労働時間の 11.7%、週平均 4.9 時間の削減
- 組織長　自身の労働時間の 14.7%、週平均 6.4 時間の削減
- 非組織長のうち正社員　自身の労働時間の 11.8%、週平均 4.9 時間の削減

　削減時間を見ると 4.9 時間～6.4 時間。週 5 日労働とした場合、半日がムダな作業に取られているということになります。給与額として考えてみると、仮に月給 32 万の部長（組織長）の場合、月所定労働時間を 160 時間とすると時給単価が 2,000 円となり、それで週 6.4 時間ということですから毎週 1 万 2,800 円、月にすると 5 万 1,200 円程度の給与がムダな作業に取られていることとなります。

図表22　仕事のムダを最大限減らしたら削減できる時間数（週あたり）

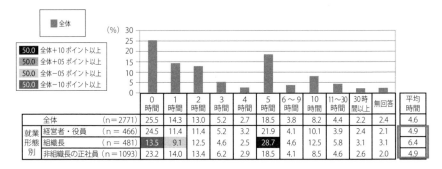

出典：リクルートワークス研究所「企業のムダ調査」

最後にムダな業務の多さのランキングを見てみましょう（図表23）。

全般的に上位に挙がっているのが、「システムがない・古いことで、紙でやらざるを得ない業務・作業」、「簡単な方法があるのに、わざわざ面倒だったり時間のかかる方法でやっている業務・作業」、「頻度や1回あたりの業務量が多過ぎる業務・作業」といった感じになっています。また、経営者は下位だが従業員としては上位に挙がっている、「自分は必要性を感じないが、上司や関係者が必要だと言うので実施している業務・作業」があります。

このへんは置かれている立場によっても異なるでしょうし、具体的な改善策はその職種や会社によっても変わってきます。参考にしてもらい、ぜひ見直しを実施していただければと思います。

第5章 存続のキーワードとなる生産性を向上すべし(生産性向上支援)

図表23 ムダな業務の多さのランキング

	経営者・役員が自社に存在すると回答したムダ	4+5 (%)	3+4+5 (%)	組織長が自組織に存在すると回答したムダ	4+5 (%)	3+4+5 (%)	就業者が自分の業務に存在すると回答したムダ	4+5 (%)	3+4+5 (%)
第1位	システムがない・古いことで、紙でやらざるを得ない業務・作業	26.4	58.8	自分は必要性は感じないが、上司や関係者が必要だと言うので実施している業務・作業	39.5	71.5	システムがない・古いことで、紙でやらざるを得ない業務・作業	33.0	60.9
第2位	不必要に細かすぎたり、必要以上に高い品質を要求される業務・作業	21.5	53.2	簡単な方法があるのに、わざわざ面倒だったり時間がかかる方法でやっている	38.5	71.7	簡単な方法があるのに、わざわざ面倒だったり時間がかかる方法でやっている業務・作業	30.3	61.0
第3位	頻度や1回あたりの業務量が多過ぎる業務・作業	20.4	63.9	業務の関係者の能力・努力の不足の穴埋めをするための業務・作業	38.3	71.1	自分は必要性は感じないが、上司や関係者が必要だと言うので実施している業務・作業	28.2	57.9
第4位	業務の関係者の能力・努力の不足の穴埋めをするための業務・作業	20.4	57.7	システムがない・古いことで、紙でやらざるを得ない業務・作業	35.6	69.0	頻度や1回あたりの業務量が多過ぎる業務・作業	26.3	63.5
第5位	簡単な方法があるのに、わざわざ面倒だったり時間がかかる方法でやっている業務・作業	20.2	53.4	頻度や1回あたりの業務量が多過ぎる業務・作業	34.5	74.2	上司や関係者からの支援が不足する中で行う業務・作業	25.2	56.7
第6位	誰かのミスや対応遅れなどで発生する手待ち時間	19.1	56.4	付き合い仕事、付き合い残業	34.5	59.7	不必要に細かすぎたり、必要以上に高い品質を要求される業務・作業	24.6	55.0
第7位	部外者からの思いつきでのアドバイスや提案に対応するための業務・作業	17.2	47.4	上司や関係者間の方向性や意見の不一致に対応するための業務・作業	34.3	69.2	業務の関係者の能力・努力の不足の穴埋めをするための業務・作業	24.4	56.8
第8位	いつか利益につながる、日の目を見ると信じられているために行っている業務・作業	17.0	53.6	誰かのミスや対応遅れなどで発生する手待ち時間	34.3	67.6	上司や関係者間の方向性や意見の不一致に対応するための業務・作業	24.0	53.8
第9位	自分は必要性は感じないが、上司や関係者が必要だと言うので実施している業務・作業	16.7	49.8	上司や関係者からの支援が不足する中で行う業務・作業	33.9	69.0	誰かのミスや対応遅れなどで発生する手待ち時間	23.6	56.3
第10位	ほぼ自分自身の出番はないが、念のために参加している場や、それにともなう業務・作業	16.7	47.2	不必要に細かすぎたり、必要以上に高い品質を要求される業務・作業	33.7	67.4	成果や実施の目的が分からない業務・作業	22.8	54.0

※選択肢5を「とてもよくある・多い」、選択肢1を「まったくない」としているため、本調査では選択肢3以上を、そのムダがあると回答したと推定し、上記のとおり記載している。

出典:リクルートワークス研究所「企業のムダ調査」

3 適切な価格設定を心がける

（1）生産性にも影響する価格決め

　先ほどもお伝えしましたが、価格決めは経営そのものと言えます。お客さんが何社いるとか、売上額がいくらとかより、経営で重要なのは利益額のほか、従業員にどの程度の賃金を支払うことができているかです。売上1億で利益500万の会社より、売上1,500万で利益1,000万の方が健全な経営状態と言えます。

　ここで大事なのは、まず損益計算のスタートとなる価格決めを間違わないということです。ここがずれると売上額にも影響し、その後の経費と利益にも直結してくる大事な部分であるものの、地方にはここの意識が低い事業者が見られます。

　数年前から多くの業種で販売価格が上がりました。原材料の高騰によるものからスタートし、今は賃上げの原資を確保するための値上げが主流となっています。物価や賃金が上昇する時代においては、より一層、価格決めの重要性が増してきます。

　また、価格設定は生産性にも大きく関係してきます。1時間かかる作業を、4,000円で提供しているか8,000円で提供できているかで、利益は2倍となります。価格決めにも売上確保と同じくらいの気を遣いましょう。

（2）値上げ交渉は人間関係を重視しよう

　価格がコンスタントに値上がりしているここ数年で考えると、価格設定は値上交渉次第とも言えます。原価は上がっているし、賃上げも必要だが値段を上げるとお客さんが離れていったり、取引先との契約が打ち切りになる可能性があります。悩ましい問題ですが、経営者としては避けて通れません。

　まず値上げを通知する際、ファックスで済ますか、直接会って説明するかでは、当然ながら相手の心証が大きく変わります。ファックスだとドライに数字で判断されがちですが、面と向かって理由を説明しお願いした方が通り

やすいと言えます。

　特に地方は人間関係で成り立っている側面が強いため、そのへんを意識しながら交渉を進めましょう。社長から直接説明するのも効果大です。ただし、関係性が希薄だったり、取引理由が価格のみの場合は交渉がうまくいかない可能性もあるため、日頃からの経営スタンスを見直す必要があるかもしれません。

　お客さんが一般消費者の場合は、やはりその理由をしっかり説明することが大切です。長文でも OK です。値上げが通りやすい時代とはいえ、長引く物価上昇に辟易している人もいるため、心情に訴え理解してもらうことが必要です。

　繰り返しになりますが、地方会社の値上げ交渉は人間関係がキーポイントとなります。常日頃からそのような関係性を心がけ、また値上げをお願いする際は効率だけを求めず、会社の実情がしっかり伝わるよう意識しながら交渉しましょう。

デジタルは肯定していこう

（1）社長が積極的に進めよう

　生産性の向上にはデジタル化も非常に有効です。今まで手入力・作業だったものが、自動的に瞬時に反映されたり、基礎データを保存できたりと、使用前と使用後を比べると大幅な時間短縮につながることもあります。

　ただ、おっくうさが先に立ち、長年の業務の流れを変えることに抵抗する高齢の従業員もいます。同時に、自分の仕事がなくなるのではないかと心配になり頑なに賛成しない人もいます。

　作業時間でいうと、確かに最初はいつも以上にかかってしまいますが、慣れてしまえばスピーディーでやりやすく、それを体験すると元には戻れません。費用対効果がとても高いものもあります。

　また、デジタル化を推し進めても、結局はそれを作業するひとが必要です。人手不足時代では、ひとつひとつの業務時間を短縮し、今以上に多くの

仕事をこなしていく必要があります。みんなに協力してもらうためにも目的をしっかりと定め、年間休日〇日増、給与〇万アップといった従業員のためにやっているという事を明確にすると良いでしょう。

地方はまだまだアナログ感が強く、生産性が上がりにくい土壌があります。進んでいる会社は社長が元々好きなケースが多く、それ以外は現状維持もしくは微増といった感じでしょうか。逆にいうと、社長が率先して進めることができれば、デジタルに変換されていきます。

社長が高齢であまり興味もなく、よく分からないが必要性は強く感じている場合は、その地域に設けられている無料の機関に相談しながら進めると良いでしょう。つぎからの事例も参考にしてみてください。

【現場からの声：株式会社エフエム青森】
いち早くクラウド化を推し進め効率的に

生産性の向上や働きやすい職場環境を求め続けるエフエム青森。試行錯誤しながらも積極的にデジタル化に取り組む鈴木勝利総務経理部長にデジタル化を進めた経緯を聞いてみました。

■どのような取り組みをしているのでしょうか。

クラウドシステムに変更する４年前は、タイムカードや申請書類等、ペーパーでの処理が中心でした。特に経費精算の申請者・処理者双方の労力がかかっていて、その部分を解消するためマネーフォワードというクラウドの経費精算・会計システムを導入しました。（経費精算と会計は連動）。

勤怠管理はタイムカードだったため、集計に時間がかかっていたのと残業申請や有給休暇申請もクラウド上で完結したいと思い、今はクロノスというクラウド勤怠に変更しています。

このようなデジタル化を推し進める目的は、生産性を高めるためやペーパーレス化、従業員が働きやすい職場を作るためであって、これらはトップダウンの取り組みでありました。

■具体的に教えてください。

　前述したマネーフォワードは、インターネットバンキングや給与ソフト、請求書等から自動で連動されるようになっています。経費精算の領収書も従業員が写真を撮影しアップすることで、ある程度自動仕訳されるようになっています。社会保険関係は電子申請していますが、場合によっては返戻されるケースがあり、内容によってはあまりスムーズではないように思っています。

　雇用保険関係など、ハローワークにいちいち出向いて処理していましたが、こちらも電子申請に切り替えてムダな時間を省いています（私の個人的な感想ですが、社会保険・雇用保険でe-Govを使用しておりますが、内容によって使いづらい内容もあり、改善してほしい点があります）。

　DX（デジタルトランスフォーメーション）の取り組みとしては当社では専任者がいないので、私の手が空いたときにどんな製品があるかベンダーの提案を聞いたり、ネットの情報を拾って試して良かったものは社内に紹介しています。DX化したい業務を切り出して、その業務に合うソフト・システムを選定していて、場合によっては部署を横断して話し合いをすることがあります。

　今は紙でやり取りしている年末調整も、近いうちはクラウド上で完結させたいと思っています。また、印鑑の電子化や営業伝票（社内指示書）なんかもペーパーレス化したいと思っています。

■どのような成果がありましたか。

　当社は弘前、八戸、東京に支局・支社があり、経費精算のクラウド化により従来のファックス等でのやり取りがなくなり、とてもスムーズになっていると思います。

　クラウド勤怠については、集計業務が大幅に削減されたのと、ノートパソコンやスマホで打刻しているため、コロナ禍の在宅勤務の際はとても便利でした。

　経費精算システムのクラウド化はソフトウェアの中で承認フローが組めるため、上長の承認をペーパーで回さなくて良くなり、また申請者も起票する必要がなく効率的になったと思います。

ただ、まだ社内でペーパーによる処理が残っているため、これからもDX化を推し進めたいと考えています。将来的にはAIによる自動生成が身近になってきているので、そういった製品を活用して効率化を高め、考える時間を捻出してサービスを高めたいと考えています。

ちなみに、最近私自身はAIによる議事録自動生成ソフトを試しており、使用できるようだったら社内に展開したいと考えております。

■社員の評判はどうでしょうか。

経費精算システムのクラウド化は長年問題になっていたことなので、社員や経営者の期待に沿うことができたのではないかと考えています。

ただ、経費精算の方法が変わることにより、導入当初は総務以外の社員からどうやればいいの？やり方がよくわからない！などの冷たい視線がありました・・・でも、現在ではシステムを使いこなし慣れた様子で使い勝手も良いようです。

■難しいところはどこだったでしょうか。

このようなクラウド化とともに、たまたま異動が重なり財務については素人の私が担当となってしまい、特に経理実務をしたことがなくシステムとしては理解できるが、経理処理が問題ないか？という点については経験や知識がないため、最初のころは非常に苦労しました。

また長年使っていた現状のソフトを変えるときは抵抗勢力があり、そのへんがDXの進みにくいところでもあるように感じています。

■地方の会社へアドバイスを。

DX化を現場に任せっきりにするより、経営者も積極的に関与した方がスムーズに進むのではないかと考えています。あとは社内の横断的な協力があるとなおグッドです。

個人的にクラウド化は、勤怠管理から初めるのがオススメです。管理するスタッフの手間は多少増えますが、慣れるとスムーズですし自動で集計されるのでとても便利です。ぜひ一歩踏み出しましょう。

【現場からの声：株式会社ケアサークル】
残業を減らすためにデジタル化を推進

　青森市を中心に訪問看護事業を展開しているケアサークル　ほーむおんナースステーション。率先してデジタル化を進める雪田昇一社長にお話を伺いました。

■デジタル化を積極的に活用した経緯は？

　もともと私が ICT を活用して効率化を図るのが好きだったことが一番の理由になります。看護記録はパソコンで入力するか、複写の紙に手書きする方法が多く取られています。その作業時間がとても多くかかりました。

　訪問をし終わって事務所に戻り、職員が一斉に記録を始めます。パソコンの取り合いになり結局時間外に記録しなければならないことが多くなりました。職員が多くなってからは、パソコンの台数に比例して電子カルテに接続するランニングコストも増え続けました。それでも残業は減ることがなく、職員の残業を少しでも減らしたいとの思いからデジタル化を進めてきました。

　①職員の労働環境の調整により、働きやすさによる離職防止
　②オンライン研修参加により看護の質の向上と利用者の満足度の向上
　③もっとも影響が大きいのが業務効率による生産性の向上

　このような効果があったように感じます。限られた資源の有効活用となり新たな価値のあるサービスが創出されました。

■具体的にどのような活用をしていますでしょうか。

　職員全員に iPhone と iPad を支給し、勤怠管理、看護記録、訪問実績入力、報告書の作成、会議記録などすべて電子媒体での記録にしました。また、ミーティングや研修、会議もオンラインを併用しました。連絡ツールもアプリを使用して FAX や電話での連絡を最小限にすることができました。事務仕事も AI による仕分け作業を取り入れることで、仕事の効率化になっています。

■どのような成果がありましたでしょうか。

　一番は書類作成による残業が無くなりました。朝と帰りのミーティングで

オンラインを併用することで必ず事務所に帰ってくる必要もなくなり定時で帰宅するようになりました。報告・連絡などもすべてアプリで解決し、必要なスタッフが短時間で対応できるようになりました。

　また、電子媒体に記録や保存をしていくことで、5年間の保存義務がある紙書類の保存量が劇的に減少しました。利用人数が増えていくことでただだ倉庫の保存書類ばかりが増加してきていましたが、現在は徐々に処分する量の方が増加して、倉庫も別な活用ができるようになりました。

■社員の評判はいかがでしょうか。
　最初、電子媒体に慣れていないスタッフからはとにかく操作ができないことで時間が倍かかるなど不満もありましたが、徐々に慣れていくことで、効率良いことを理解していただけ、現在は時間にゆとりができたと評価されています。

■難しいところはどの辺りでしたでしょうか。
・電子媒体に慣れていないスタッフが機体に慣れるにはどうしたらいいか
・新しく導入される実績入力システムに慣れるためにどうすればいいか
・持たせる電子媒体をどこまでスタッフ管理にさせるか
・電子媒体を導入するにあたっての注意事項を職員に周知させる

　この4点が当社では課題となりました。普段携帯電話はスマートフォンを使用しているが、タブレットは触ったことがないので使用できないというスタッフも少なくありませんでした。本社現場スタッフ24人の中でタブレットを問題なく触れるというスタッフは3～4人いないくらいでした。

　対応策として、電子媒体に強いスタッフを各課よりピックアップし、委員会を形成。操作方法に不明な個所が出てきたら、各課の担当者に確認をとってもらう体制を準備したことで、苦手意識のあるスタッフも、「委員会の人に聞けば大丈夫」という安心感を持って利用を開始することができました。

　また、新しく導入した実績入力システムも、導入当初委員が主体となって検討し、スタッフに浸透させる手法を取りました。実績入力に伴うマニュアルも新しく作成し、スタッフ間で共有しました。

　持たせた電子媒体をどこまで管理するかについては、アプリのダウンロー

ドを制限する形で始めました。今必要な最小限のアプリ、実績システムを入れたのみのタブレットを渡し、アプリダウンロードの管理は事務側で行う形で導入しました。

導入から1年、タブレットに慣れてきたことで事務での管理を離れ、スタッフ個人での管理も必要となりました。仕事量を確認しながら、各々がスムーズに業務をこなしていけるようにしなければいけないと考えています。また、タブレットのアップデートについても、都度声がけを行っていこうと考えています。

電子媒体を導入するにあたって新たに注意事項も増えました。それは、ネットリテラシーの認識を各スタッフが再確認することです。

医療現場に携わっている者として利用者様から預かっている個人情報の保護はもちろんのこと、事務所外で電子媒体を使用しいつでも利用者様の情報を確認できるという事の利便性と、危険性、インターネット接続する際の注意事項を再度スタッフ間で周知しました。これは、定期的に注意を促していきたいと考えています。

■地方の会社にアドバイスを。

地方だからこそ、職員は少人数で広範囲を回っていると考えられます。集まることの難しさ、効率の良い訪問看護の提供を考えていかなければいけません。さらに2024年から訪問看護診療報酬改定によりDX加算を算定するために、オンライン資格確認が義務化されました。デジタル化は今後必須と考えられます。そしてネットワークも対面だけではなくデジタル化しているのも現状です。

初期投資はもちろんかかりますが、ランニングコストを考えると訪問看護事業ではICT化からのDX化により経費を減らすことができると考えます。苦手意識を持たず、一度お試ししてみたら良いかと思います。

【現場からの声：NPO法人あおもりIT活用サポートセンター】
地方の現状を聞いてみた

　遅れていると聞く地方のデジタル化の現状を、青森県DX総合窓口にもなっているNPO法人あおもりIT活用サポートセンターの本田政邦理事長にお話を伺いました。

■地方のDXの現状を教えてください。

　青森県内の企業でいうと、DXはまだ十分に進んでいない状況です。先進的なDX事例は非常に稀で、多くの企業はペーパーレス化などのように業務の一部をIT化したり、既存の業務プロセスをデジタル化したりする程度にとどまっています。

　デジタルによってビジネスモデルを革新し新たな価値を生み出すまでに至るような、いわゆる定義としてのDXを実現している企業はほとんどありません。業界によっては、いまだにファックスが広く使われています。

　ちなみに、青森県DX総合窓口では、まずコンシェルジュが支援先企業から相談内容をヒアリングし、課題の整理を行います。その後、県内のDXコンサルタントやITベンダーと連携しながら、具体的なデジタル化支援を進めていっています。

■どのような相談が多いでしょうか。

　法人から個人事業主まで、あらゆる事業者から寄せられます。業種にも大きな偏りはなく、「DXをしたいが何から始めれば良いか分からないので教えてほしい」といった相談がもっとも多いです。また、「DXのために利用できる補助金情報を教えてほしい」という相談も多く寄せられます。

■相談後、どのような成果がありましたでしょうか。

　青森県DX総合窓口は2023年から開始された事業であり、窓口開設からまだ1年程度です。支援内容は、目的の確認、課題抽出と整理、戦略と戦術の策定などを含めた取組になることも多いです。

　デジタル化やDXの本質は企業の体質改善であり、変化し続ける風土や体制を作るには年単位の時間が必要となります。そのため短期的な成果を示す

のは難しいのですが、少しずつ企業の意識が変わり始めていると感じています。

■**地方でDXを進める難しさを教えてください。**

そもそも地方にはITベンダーが少ないため、地元企業がDXやデジタル化を進めるにしても、相談先や依頼先が限られています。さらに、特に地方では人材不足が深刻で、社内にデジタルに詳しい人がひとりもいないという状況も多いです。

また、現状にそれほど不満を感じていないケースもあるため、競争意識が低く、それに伴って業務改善の意向が低いことも地方DXの阻害要因かもしれません。DXに至った後の自社像をイメージできないため、痛みを伴う変革をしてまでDXを進めるほどのメリットを感じにくいという側面もありそうです。

■**DXはどうしたら進みますでしょうか。**

青森の県民性として、横並びの文化があります。デジタル化やDXが少数派のままの状態ではなかなか普及しませんが、活動を継続し、デジタル化を進める企業が多数派になった瞬間に、一気に地域のDXが進む可能性があります。

この横並び文化を刺激するためには、地域内で有名な企業にDXに取り組んでもらい、先進事例となった上で県内全域に横展開して普及啓発を行うことが有効かもしれません。

■**地方の経営者にアドバイスを。**

既存業務をデジタルで変革できる「デジタル人材」を社内に育成してみてください。

「デジタル人材」とは、必ずしもプログラマーやエンジニアといった高度な専門性を持つ人材である必要はありません。既存の業務やビジネスモデルをデジタルで変革できる人材のことを指し、デジタルツールの利活用、デジタルマーケティング、データ分析、デザインなどのスキルを持ちます。

どのような人が適しているかというと、デジタルツールを試すのが好きな

「新しいもの好き」な人が向いています。さらに、会社全体の業務を把握し、他部門との連携ができる柔軟性を持つ人は、社内の課題を発見して解決できる理想的なデジタル人材になれると思います。

また、コロナ禍以降、多くの優良な無料ツールが提供されているので、低予算の小規模チームで小さく始めてみると良いでしょう。

やはり、企業のトップがデジタル化やDXの重要性を理解し、積極的に推進する姿勢を示すことが重要です。その際は、外部の専門家に相談することも大切です。地域によっては無料で相談できる窓口があると思います。ぜひ、積極的にご活用ください。

【現場からの声：白神マタギ舎】
青森県DX総合窓口に相談した事例

では実際に青森県DX相談窓口に相談し支援を受けた事例を紹介します。DXコンシェルジュである風晴翔太さんと相談者である白神マタギ舎の小池宏美さんにお話を伺いました。

■団体概要と相談した経緯

青森県西目屋村に拠点を置く白神マタギ舎さんは、世界遺産である白神山地のツアーを参加者に合わせてオーダーメイドし、当日ツアーに同行しながら白神山地をはじめとした自然の魅力を伝える団体です。創業メンバーである小池宏美さんは、ガイド業務とバックオフィスの両方を手がけています。

オーダーメイドツアーは、参加者ひとりずつの希望、予算、前後の予定等に合わせたプランを組み立てるため、かなりの労力を費やします。参加者が増えるたびに、顧客情報の管理や予約手続きが煩雑になり、業務の効率化を図るためにデジタルツールの導入を検討し始めました。特に、多忙なシーズンに向けて、事務作業の負担を減らすことが急務でした。

しかし、どのツールを活用すればいいのかもよくわからないこととパソコン作業が苦手であるため、自分ひとりではなかなか進めることができずに

困っていたところ、青森県 DX 総合窓口を見つけて相談しました。

■課題

　ツアー参加者の多くは、ホームページ内の申し込みから問い合わせをします。申し込みを受け付けた後は、オーダーメイドに必要な情報を追加でお客様からヒアリングし、手元のメモ帳にまとめたものを Excel に情報整理します。その結果、かなりの時間をそこに要してしまい、1 日中事務作業に追われることも少なくありませんでした。

■取り組んだこと

　まずは、お客様の申し込みを受けてからツアーが終了するまでの流れを視覚化してどこでどんな作業が発生しているかを整理しました。それと同時にデジタル化できそうな部分を発掘しました。

　白神マタギ舎さんの場合、デジタル化に取り組んだことがなく今後デジタル化していくにあたり知識や技術も備えたいとのことだったため、無料で個人アカウントを作成することができ、様々な機能を兼ね備えている Google を提案し導入していただけました。中でも、アンケートや問い合わせを作成し情報収集できる機能「Google フォーム」と Google 版の表計算シートで Excel と同じ役割の機能を持つ「Google スプレッドシート」を中心にデジタル化を進めました。

　既存の問い合わせフォームでは申し込みいただいた情報の集約ができなかったため、もともとの問い合わせフォームの内容を見直し、「Google フォーム」にリニューアルしました。この変更により、顧客情報が自動的に「Google スプレッドシート」に記録され、リアルタイムでデータを確認できるようになりました。また、普段パソコンのみで仕事をしていましたが、スマホでも顧客情報を確認できるようにもなったため外出先でもすぐに確認でき便利さを感じています。

■ DX を進めてみての感想と今後の展望（白神マタギ舎 小池宏美 氏）

　こちらの要望を丁寧に聞いていただき、当社固有の問題についてふさわしい解決方法を一緒に考えてもらって、色々考えながら試してみることがで

きました。デジタル化の利便性を実感することができ、支援終了時には、今後どういう風に進めていくか、どこにデジタルを活用できそうかという見通しも持つことができました。今回を機に、顧客管理だけでなくほか業務でもGoogle機能を活用していきたいです。

■青森県DX総合窓口からメッセージ

今回支援させていただいた白神マタギ舎さまをはじめ、支援期間内に一定以上の成果を出す企業には下記のような共通点があるように感じます。

- 相談者だけでなく、経営者層も協力的である。
- 意欲的に課題や学習に取り組むだけでなく、専門家の助言を素直に受け止める。
- 分からないものは積極的に質問する。

全国の地方には少子高齢化による働き手不足だけでなく、物価高騰や賃上げに悩んでいる事業者さまも多くいるのではないでしょうか。今後ますますデジタル化が加速することが間違いない世の中で、今みなさんが当たり前にメールや電話を使っているように、各企業が自分たちに適したデジタルサービスを活用しなければならないタイミングが来るはずです。すでにやっている事業者さまもよりその比率は増してくるでしょう。

青森県ではこのような無料のDX総合窓口がありますが、皆さんお住まいの地域でも同じような相談窓口がありましたら、ぜひ積極的に活用していただければと思います。

第6章

守備の要となるバックオフィス
をレベルアップすべし
（労務知識向上支援）

1 労働基準法をもっと活用しよう

（1）繁忙期を調整できる変形労働時間制とは

　業種によって繁忙期が異なります。例えば農家であれば収穫期は多忙を極めるでしょうし、税理士事務所であれば確定申告の2月～3月に業務が集中します。労働基準法では、1日8時間超えや週40時間超えの部分に対し時間外手当（125％以上）を支払う必要があります。原則としてはその通りですが、労働基準法はひっぱると伸びるゴムのように例外を認めた制度もあります。そのひとつが変形労働時間制となります（図表24）。

図表24　業務の実態等に応じた労働時間制度の選択方法についての基本的な考え方

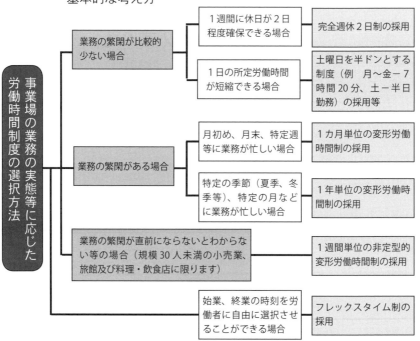

（注）ただし、年少者（18歳未満）・妊産婦については、変形労働時間制の適用に一定の制限があります。

出典：徳島労働局HP「変形労働時間制」

今回は導入している会社も多い「1か月単位の変形労働時間制」と「1年単位の変形労働時間制」を紹介したいと思います。

まず1か月単位は、1か月を平均して週40時間以内に抑えるという制度です。前述したように、通常は1日8時間超えや週40時間超えの部分に割増の時間外手当が発生しますが、この制度の特徴は、例えばある日は12時間労働しました、ある週は48時間労働しました、としても時間外手当は発生しません。ただし、平均して週40時間以内に抑えるのが大前提のため、多く働いた分、6時間労働の日があったり、3日休みの週が必要だったりします。

この制度は1か月の上限となる労働時間が決まっています。週の法定労働時間が40時間の場合は以下となります。

月の暦日数28日の場合・・・160時間

月の暦日数29日の場合・・・165.7時間

月の暦日数30日の場合・・・171.4時間

月の暦日数31日の場合・・・177.1時間

計算式は以下の通り。

上限時間＝40時間×対象期間の暦日数／7

まずは、毎月上限時間に収まるようシフトを組むこととなります。夜勤のある事業所では16時間労働といった日もあり、通常であれば時間外手当8時間発生するものの、この制度を導入した場合はそれが不要となります。つまり時間外手当が発生するケースとしては、所定労働時間が8時間を越える日は、所定労働時間を超えた時間で、それ以外の日は8時間を超えて労働した時間が対象となります。

この制度は、「月末などの特定の週が忙しい」、「特定の曜日に業務が集中する」、「夜間勤務がある」、といった飲食業や宿泊業、医療・福祉業等で多く採用されています。導入は、就業規則等に定め、労働基準監督署に届け出ることにより可能となります。

つぎは、より期間が長くなる1年単位の変形労働時間制について。考え方は1か月単位と同じで、1年を平均して週40時間以内に抑えるという制度です。忙しい時期のある会社において、繁忙期に長い労働時間を設定した上で、閑散期に短い労働時間を設定することにより効率的に労働時間を配分し、年

間の総労働時間の短縮を図ることを目的にしたものです。完全週休2日ではない会社も導入しています。

1日の所定労働時間によって、必要な年間休日が決まっています。
・所定労働8時間　年間休日105日以上必要
・所定労働7時間45分　年間休日96日以上必要
・所定労働7時間30分　年間休日87日以上必要
※1年365日の場合

所定労働8時間の場合はあまりメリットを感じにくく、それ以下の例えば7時間30分のケースだと年間休日数が少なくなるため、会社としては年間休日カレンダーを組みやすくなります。

導入する場合は、労使協定を締結し、毎年労働基準監督署へ届け出ることが必要となります。ただ、条件を満たす必要があるため、社労士に依頼している会社も多く見られます。

（2）定額残業代とは

この制度は、毎月一定の金額を定額残業代の手当として支払うものです。労働法に定額残業という制度はなく、あくまで法律に違反しないよう制度を設計し適切に運用していく流れになります。

基本的な考え方としては、例えば、月給16万で月平均所定労働時間160時間の社員の時間外単価は1,250円です（1,000円×1.25）。定額残業代1万2,500円の場合、月10時間の残業代が含まれていることとなります。そして実際の残業が10時間未満だとしても1万2,500円はそのまま支払い、逆に10時間を超えた場合は、その超過分を支給することとなります。

入社時から定額残業代を導入するケースと違い、途中から運用する際は注意が必要です。まず今まで支給されていた残業代が少なくなる可能性があるため、事前に丁寧な説明が必要となってきます。また、総支給額を変えず導入したいという場合もあります。その際は基本給を下げ、その減額分を定額残業代に充てるケースが一般的です。今までサービス残業となっていたのであればそれが解消されるものの、基本給が最低賃金を割らない事、不利益変更となるため原則本人の同意を得ること等に注意しましょう。

ちなみに、名称は定額残業代ではなくても問題ありませんが、トラブル防止のため、分かりやすいものにすることをオススメします。また、就業規則や労働条件通知書に記載することも必須となります。

ただ、なかには会社の都合の良い部分だけを捉えた結果、従業員とトラブルになるケースも少なくありません。例えば、時間をオーバーしても超過手当を支払っていない、従業員が定額残業代という存在すら知らなかった、手当の金額が不明だった等、数多くの裁判例も存在します。

ただ、当たり前のことをしっかり従業員に説明し、必要な文書も整備すれば、それほどトラブルになるものではありません。導入する場合は、人件費を抑制するといったイメージではなく、あくまでWin-Winの制度となるよう心がけましょう。

(3) 残業をさせるには労働基準監督署へ届出が必要

労働基準法では、1日8時間、週40時間労働を原則としています。しかし、業務の都合上、残業(時間外・休日労働)が発生する会社も多いと思います。これについて労基法では、「時間外・休日労働労使協定書」(以下、36(サブロク)協定という)を締結し、労基署に届け出ることを要件として、法定労働時間を超える残業、法定休日労働を認めています。労働基準法36条に規定されているため36協定と呼ばれています(図表25)。

36協定は「残業をさせてもいいか」について従業員から同意をもらうものであって、「残業は一切ない」という会社以外は提出する必要があります。残業代支給の有無とは関係なく、有効期間も長くて1年です。

残業時間には上限が決められています。重要なのは1か月45時間、1年360時間(ともに時間外労働のみの上限)という部分で、また1年変形においては1か月42時間、1年320時間(同上)が上限となります。これに収まる会社であれば図表25の様式第9号でOKですが、超えそうな場合は「特別条項」という第9号の2様式となります。これは第9号にさらに1枚追加されるというイメージです(図表26)。この場合の残業時間の上限は、

- ・1か月:100時間未満、2〜6か月平均:80時間以内(ともに時間外＋休日労働の上限)
- ・1年:720時間以内(時間外労働のみの上限)

図表 25　時間外労働・休日労働に関する協定届（一般条項）

様式第９号（第16条第１項関係）

時間外労働・休日労働に関する協定届

労働保険番号	都道府県／所掌／管轄／基幹番号／枝番号／被一括事業場番号
法人番号	

事業の種類	事業の名称	事業の所在地（電話番号）	協定の有効期間
		（〒　　―　　）（電話番号：　―　―　）	

時間外労働		時間外労働をさせる必要のある具体的事由	業務の種類	労働者数（満18歳以上の者）	所定労働時間（１日）（任意）	延長することができる時間数：１日 法定労働時間を超える時間数	１日 所定労働時間を超える時間数（任意）	１箇月（①については45時間まで、②については42時間まで） 法定労働時間を超える時間数	１箇月 所定労働時間を超える時間数（任意）	１年（①については360時間まで、②については320時間まで） 起算日（年月日） 法定労働時間を超える時間数	１年 所定労働時間を超える時間数（任意）
	① 下記②に該当しない労働者										
	② １年単位の変形労働時間制により労働する労働者										

休日労働	休日労働をさせる必要のある具体的事由	業務の種類	労働者数（満18歳以上の者）	所定休日（任意）	労働させることができる法定休日の日数	労働させることができる法定休日における始業及び終業の時刻

上記で定める時間数にかかわらず、時間外労働及び休日労働を合算した時間数は、１箇月について100時間未満でなければならず、かつ２箇月から６箇月までを平均して80時間を超過しないこと。□
（チェックボックスに要チェック）

協定の成立年月日　　年　　月　　日

協定の当事者である労働組合（事業場の労働者の過半数で組織する労働組合）の名称又は労働者の過半数を代表する者の　職名　氏名

協定の当事者（労働者の過半数を代表する者の場合）の選出方法（　　　）

上記協定の当事者である労働組合が事業場の全ての労働者の過半数で組織する労働組合である又は上記協定の当事者である労働者の過半数を代表する者が事業場の全ての労働者の過半数を代表する者であること。□
（チェックボックスに要チェック）

上記労働者の過半数を代表する者が、労働基準法第41条第２号に規定する監督又は管理の地位にある者でなく、かつ、同法に規定する協定等をする者を選出することを明らかにして実施される投票、挙手等の方法による手続により選出された者であつて使用者の意向に基づき選出されたものでないこと。□（チェックボックスに要チェック）

年　　月　　日

使用者　職名　氏名

＿＿＿＿＿労働基準監督署長殿

出典：厚生労働省 HP「主要様式ダウンロードコーナー」

第6章 守備の要となるバックオフィスをレベルアップすべし（労務知識向上支援）

図表26　時間外労働・休日労働に関する協定届（特別条項）１

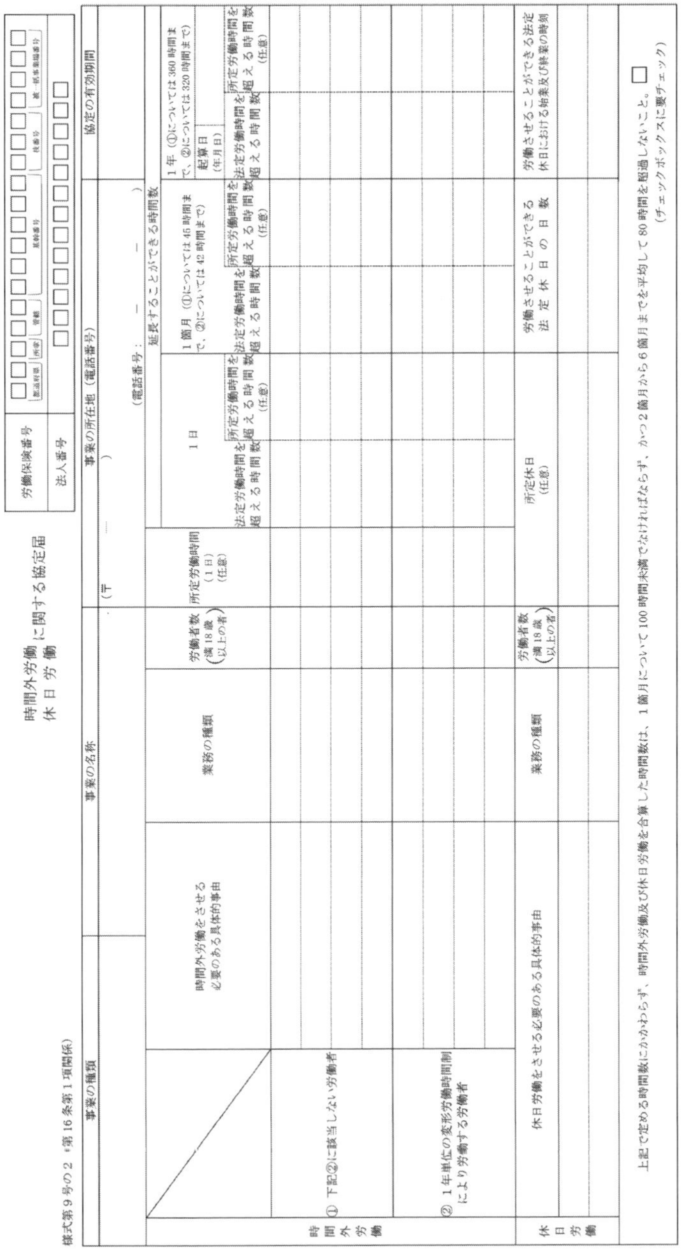

出典：厚生労働省HP「主要様式ダウンロードコーナー」

147

図表 26　時間外労働・休日労働に関する協定届（特別条項）2

様式第９号の２（第 16 条第１項関係）

時間外労働・休日労働に関する協定届（特別条項）

臨時的に限度時間を超えて労働させることができる場合	業務の種類	労働者数（満 18 歳以上の者）	1日（任意）		1箇月（時間外労働及び休日労働を合算した時間数。100 時間未満に限る。）				1年（時間外労働のみの時間数。720 時間以内に限る。） 起算日（年月日）		
			延長することができる時間数			延長することができる時間数及び休日労働の時間数			延長することができる時間数		
			法定労働時間を超える時間数	所定労働時間を超える時間数（任意）	限度時間を超えて労働させることができる回数（6回以内に限る。）	法定労働時間を超える時間数と休日労働の時間数を合算した時間数	所定労働時間を超える時間数と休日労働の時間数を合算した時間数（任意）	限度時間を超えた労働に係る割増賃金率	法定労働時間を超える時間数	所定労働時間を超える時間数（任意）	限度時間を超えた労働に係る割増賃金率
限度時間を超えて労働させる場合における手続											
限度時間を超えて労働させる労働者に対する健康及び福祉を確保するための措置	（該当する番号）	（具体的内容）									

上記で定める時間数にかかわらず、時間外労働及び休日労働を合算した時間数は、１箇月について 100 時間未満でなければならず、かつ２箇月から６箇月までを平均して 80 時間を超過しないこと。□
（チェックボックスに要チェック）

協定の成立年月日　　年　　月　　日

協定の当事者である労働組合（事業場の労働者の過半数で組織する労働組合）の名称又は労働者の過半数を代表する者の　職名
氏名

協定の当事者（労働者の過半数を代表する者の場合）の選出方法（　　　　　　）

上記協定の当事者である労働組合が事業場の全ての労働者の過半数で組織する労働組合である又は上記協定の当事者である労働者の過半数を代表する者が事業場の全ての労働者の過半数を代表する者であること。□
（チェックボックスに要チェック）

上記労働者の過半数を代表する者が、労働基準法第 41 条第２号に規定する監督又は管理の地位にある者でなく、かつ、同法に規定する協定等をする者を選出することを明らかにして実施される投票、挙手等の方法による手続により選出された者であって使用者の意向に基づき選出されたものでないこと。□（チェックボックスに要チェック）

年　　月　　日

使用者　職名
氏名

＿＿＿＿＿＿労働基準監督署長殿

出典：厚生労働省 HP「主要様式ダウンロードコーナー」

またこの様式には、「限度時間を超えて労働させる労働者に対する健康及び福祉を確保するための措置」という欄があり、従業員への健康福祉確保措置を以下から選ばなければなりません。

①労働時間が一定時間を超えた労働者に医師による面接指導を実施すること。
②労働基準法第37条第4項に規定する時刻の間において労働させる回数を1箇月について一定回数以内とすること。
③終業から始業までに一定時間以上の継続した休息時間を確保すること。
④労働者の勤務状況及びその健康状態に応じて、代償休日又は特別な休暇を付与すること。
⑤労働者の勤務状況及びその健康状態に応じて、健康診断を実施すること。
⑥年次有給休暇についてまとまった日数連続して取得することを含めてその取得を促進すること。
⑦心とからだの健康問題についての相談窓口を設置すること。
⑧労働者の勤務状況及びその健康状態に配慮し、必要な場合には適切な部署に配置転換をすること。
⑨必要に応じて、産業医等による助言・指導を受け、又は労働者に産業医等による保健指導を受けさせること。
⑩その他

筆者がオススメしているのは、「③終業から始業までに一定時間以上の継続した休息時間を確保すること」です。これは仕事終わりから次の日の始まりまで一定時間を確保するというもの（勤務間インターバル）。少なくとも9時間確保すれば問題なく、例えば8時始業の会社であれば遅くとも23時には退社するという流れとなります。従業員にとっても自宅で休養する時間を最低限確保できるため、健康確保の面からも望ましいと思います。

つぎは過半数代表者についてです。選出方法は、挙手・投票といった民主的な方法で決定するのが一般的です。とはいっても、全員揃う機会がなく難しいといった声を聞くことも少なくありません。

そこで筆者がオススメするのは、「労働者代表選出の同意書」を回覧する手法です。先に代表者を決めておき、それに同意する従業員が署名捺印。最終的に過半数労働者の同意があれば、その方を選出します。これだと多少時間がかかっても全従業員に判断を仰ぐことができ、さらには文書として保管できます。

また、36協定は就業規則とは異なり、協定を結んだからといって有効になるわけではありません。「届出」が効力発生要件となっていて、万が一忘れていたら残業をさせることができないこととなります。毎年、起算日までに忘れずに提出しましょう。

（4）週44時間働いても残業代必要なしの業種とは

前述したように法定で定められた労働時間は、1日8時間、週40時間です。が、1日8時間、週44時間という特例措置が適用される事業場があります（特例措置対象事業場）。

常時10人未満の労働者を使用する
　①商業……卸売業、小売業、理美容業、倉庫業など
　②映画、演劇業……映画の映写、演劇など（映画製作事業は除く）
　③保健衛生業……病院、診療所、社会福祉施設、浴場業など
　④接客娯楽業……旅館、飲食店、ゴルフ場、公園・遊園地など

地方には小規模な会社や生活に密着したサービス業が多数見られ、該当する事業場も多いのではないでしょうか。活用方法として、週6日勤務のパターンだと、「月～金の平日5日間を8時間労働、土曜日を午前中のみの4時間労働」の週44時間労働でも残業代は発生しません。病院や歯医者でよく見られ、もっとも有効活用しているケースだと思います。

また、週5日勤務での活用を考えてみたいところですが、ただ、あくまで延長が可能となるのは週の法定労働時間であり、1日あたりは8時間と変わりません。そのため、週5日勤務で44時間労働と考えると、1日8時間超の時間が出てくるため、残業代が発生するのはやむを得ません。

ただ、ここで重要なのは、前述した1か月変形労働時間制はこの特例の下に採用することができるということです。1か月を平均して週40時間以内に抑える制度というのは先ほど解説した通りですが、今回紹介した特例措置対象事業場の場合は週が40時間ではなく44時間となります。両者を組み合わせすることにより、この日は10時間労働、この日6時間労働、この週は6日出勤といったように業務の繁閑に合わせたシフトを組むことができつつ、残業代を抑えることが可能となります。なお、1年変形労働時間制については、この特例の適用はありません。

　ちょっと話は変わりますが、労働基準法について誤解されている経営者および事務員が多いように感じます。

（労働条件の原則）
　第一条　労働条件は、労働者が人たるに値する生活を営むための必要を充たすべきものでなければならない。
　2　この法律で定める労働条件の基準は最低のものであるから、労働関係の当事者は、この基準を理由として労働条件を低下させてはならないことはもとより、その向上を図るように努めなければならない。

　第2項記載のように、労基法は労働に関する最低限の基準を定めている法律となります。ですので、例えば割増単価も125％ではなく、それ以上お支払いしてもOKですし、年次有給休暇も法定基準より多く付与しても問題ありません。というより、それを推進するよう労働者に有利になるよう努めてくださいといった意味合いとなります。

　そのため、週44時間労働が適用できる事業場だとしても、今まで週40時間超は残業代を支払ってきたから、これからも同じように運用していくのも問題ない（というよりその方が望ましい）ですし、採用して残業代が減る代わりに何かしら別途手当を支給し、労働者不利にならないように努めるのも大事な部分となります。法令順守と労働条件は合わせて考えていく必要があります。

（5）農業における労働基準法の適用除外とは

　原則の労働時間については前述した通りですが、休憩と休日については以下の通りです。
　●休憩
　　・労働時間が6時間以下→使用者に休憩時間を与える義務なし
　　・労働時間が6時間超→少なくとも45分の休憩を与える
　　・労働時間が8時間超→少なくとも1時間の休憩を与える
　●休日
　　・毎週少なくとも1回の休日を与える必要がある

　農業、畜産業、養蚕業、水産業については、業務の性質上、労働時間、休憩、休日に関する規定が適用されないこととなっています。また、割増賃金についても適用除外となっているものの、深夜労働（22時〜5時）の割増賃金は適用されるため注意が必要です。
　とはいっても、人材を確保していくためにも、労働者が働きやすい環境を整えるよう努めていくことが重要となります。

日常的によくある質問

(1) 扶養者の範囲がよく分かりません

　もっとも多い質問がこの扶養者の範囲かもしれません。健康保険と所得税によって扶養者の条件が異なるため、分けて考えなければならないものの、整理整頓ができず情報が入り交じっている方がとても多く見られます。あまり細かいところまで覚えようと思うと挫折してしまうため、まずはざっくり概要を知っておく事をオススメします。

　最初に所得税について図表27をご覧ください。左側の「配偶者の合計所得金額」は、給与所得控除後の所得金額となっており、配偶者（配偶者特別）控除額が0円となる133万円超のとき、収入額は201万6,000円超となります。パンフレット等にはこの給与所得控除後の「所得」として記載されているケースが多く、一般的に皆さんがイメージしている「収入」と分けて考える必要があります。

- ●収入・・給与等の収入額
- ●所得・・給与所得控除後の金額

　給与所得控除とは、労働者でも働く上で色々な費用がかかるため、一定額を給与収入から差し引けるという制度です（図表28）。なお、所得税の扶養控除額は原則38万です。

　収入150万以下であれば、給与所得控除は55万円で所得95万となり、配偶者（配偶者特別）控除額は38万ですが、150万超から段階的に38万控除が36万、31万と減額されていき、201万6,000円以上で0円となります。

　つまり所得税はどこかのライン（例えば収入103万）を超えると控除額38万が突如0円になるというものではありません。段階的に減額されていく収入150万というラインはあるものの、それに伴い本人の収入も増えているため、通常手取り額が大きく変わることはなく、結果として所得税は「あまり気にしなくて良い」という結論となります。

　つぎは健康保険について。こちらの扶養限度額は収入130万未満（60歳以

図表 27　所得金額と配偶者（配偶者特別）控除額

		あなた（居住者）の合計所得金額			控除の種類
		900万円以下	900万円超 950万円以下	950万円超 1,000万円以下	1,000万円超	
配偶者の合計所得金額	48万円以下	38万円	26万円	13万円	0円	配偶者控除
	老人控除対象配偶者 ※昭和29年1月1日以前に生まれた方(70歳以上の方)	48万円	32万円	16万円		
	48万円超　　95万円以下	38万円	26万円	13万円		配偶者特別控除
	95万円超　　100万円以下	36万円	24万円	12万円		
	100万円超　105万円以下	31万円	21万円	11万円		
	105万円超　110万円以下	26万円	18万円	9万円		
	110万円超　115万円以下	21万円	14万円	7万円		
	115万円超　120万円以下	16万円	11万円	6万円		
	120万円超　125万円以下	11万円	8万円	4万円		
	125万円超　130万円以下	6万円	4万円	2万円		
	130万円超　133万円以下	3万円	2万円	1万円		
	133万円超	0円	0円	0円		

出典：国税庁「所得税及び復興特別所得税の確定申告の手引き」

図表 28　収入金額と給与所得控除額

給与等の収入金額 （給与所得の源泉徴収票の支払金額）	給与所得控除額
1,625,000円まで	550,000円
1,625,001円から　1,800,000円まで	収入金額×40％－100,000円
1,800,001円から　3,600,000円まで	収入金額×30％＋80,000円
3,600,001円から　6,600,000円まで	収入金額×20％＋440,000円
6,600,001円から　8,500,000円まで	収入金額×10％＋1,100,000円
8,500,001円以上	1,950,000円（上限）

出典：国税庁ホームページ

上は収入180万未満）です。所得税のように段階的に減額というものではなく、収入130万以上となった時点で扶養から外れることとなります。その際、勤務している会社で社会保険加入とならなければ、自身で国民年金と国民健康保険に入ることとなり、いきなり負担額が月数万円上がるため、注意が必要となります。

また、収入130万のカウント方法について、所得税のような1月～12月の収入ではなく、あくまで見込みとなります。ですので、月額10万8,334円（130万÷12月）以上となった際に喪失となります。例えば月給11万の方はこの扶養とはなることができません。

ただ現在、「130万円の壁」への対応として、収入が一時的に上がった場合でも、事業主がその旨を証明することで、引き続き扶養に入り続けることが可能となる仕組みがあります（2024.7月現在）。詳しくは、厚生労働省ホームページ「年収の壁・支援強化パッケージ」をご覧ください。

（2）能力が会社の基準に達しない社員がいて困っています

このような相談もよくあります。が、なかなか一筋縄ではいかない悩ましい問題だと感じています。仕事をテキパキこなす人もいれば、マイペースだったり、あまりやる気が見られない従業員もいます。このあたりは程度問題で、給与に対してあまりにも成果が見られない、改善する意識が低い、ミスを連発し顧客が離れていくなどが続くと上司や経営者もストレスフルな状態が続きます。

まずは仕事を根気よく丁寧に教えること、その上で、会社があなたの仕事に対してどんな風に困っているのかをしっかりお伝えしてみましょう。本人が気付いていない、もしくはあまり意識していないケースもあるため、具体的な要望を説明しつつ、まずは本人がどう変わるか改善の機会を与えてみましょう。

それを複数回繰り返しても改善が見られない場合は、可能であれば職種の変更も検討しましょう。本人がやりたい仕事と、向いている仕事は必ずしもイコールではなく、むしろ逆のケースもあります。例えば、接客能力に？の付くカフェの店員も見受けられます。自身の性格や能力を客観的に分析し、

「私は几帳面だから事務が向いているな」などと適切に判断するのはかなり難しく、向いてないまま仕事をしている方も多くいるように感じます。

　その度合いが多少ならまだしも、真逆になってしまうと、いつも上司に注意されたり、叱られたりする機会が多くなり、本人にとってもつらい状況となります。例えば、一般的にコミュニケーション能力と事務処理能力は相反します。片方が高ければもう一方は低くなります。両方高い人はほぼいません。高低の度合いも人によって異なります。そのため、接客がメインの仕事なのか、事務業務が中心なのかにより、異動を判断することとなります。

　とはいっても、地方の小規模の会社では複数の職種が存在しないケースもあります。複数回注意をしても改善しない場合、最終的には退職勧奨や懲戒解雇も検討することとなります。とてもデリケートな部分となり、メリットやリスク、ハードルの高さ等が混在するため、社労士等の専門家に相談することをオススメします。

　ただ、いずれにしても本人に納得してもらうことがポイントとなります。相談を受けてきた肌感としては、目の前の生活費が心配なため、失業手当の給付日数等をとても気にしている方がいます。本人から言ってくるケースは少ないものの、会社都合退職と自己都合退職とでは給付制限（支給までの待ち）や給付日数が異なるため、しっかりと本人に説明することが重要だと思っています。

　さらに、本人にとってそれ以上に大事なのは、次の仕事が決まるかどうかです。売り手市場とはいえ、地方にいけば世間は狭く、社長同士顔見知りで、特に同業者であれば、その都度情報を交換しています。面接では一般的に退職理由を聞かれるケースも多く、そのような状況では本人も就職先が決まるかとても不安になります。退職を通知する際、このへんの配慮も考えていると伝えてみてはいかがでしょうか。

（3）退職届って必要なの？

　会社を退職する際、退職届が必要な会社と不要な会社があります。どっちが適切なのでしょうか。退職の意思表示は口頭でも有効なため、その点だけを考えると退職届は不要と言えるものの、書面で残っている方が「言った、

言わない」のトラブルを回避できますし、退職理由も明確にすることができます。

　会社は自己都合だと思っていたが本人の認識は会社都合というケースもあり、失業手続きをした際にハローワークに異議の申し立てをする方が見られます。退職届はこの認識の相違を防ぐこともできます。

　あと個人的には規律にも関係すると思っています。書類の提出を求めず、口頭だけで緩く済ませていると会社全体の規律が緩む可能性があり、欠勤や遅刻・早退、指揮命令に従わない、やる気が見られないといった行動にまでつながるかもしれません。よって、退職する際は書面でしっかりもらうのが望ましいと思います。

（4）給与や労働時間を変えたいのですが、問題ないでしょうか？

　長く経営をしていると事情があって給与を下げたい、あるパートスタッフの勤務時間を短くしたいといった、従業員が不利益を被る変更をせざるを得ない状況が出てきます。このような場合、会社と従業員が合意すれば労働条件の変更は可能です。

　ただし、それが難しかったとしても、下記のような条件を満たすことにより、就業規則の変更で労働条件を変えることができます。

- ●その変更が以下の事情に照らして合理的であること
  - ・従業員の受ける不利益の程度
  - ・労働条件の変更の必要性
  - ・変更後の就業規則の内容の相当性
  - ・労働組合等との交渉の状況
- ●従業員に変更後の就業規則を周知させること

　会社の事情があれば従業員にも生活があります。まずは理由を含めた会社の要望をしっかり本人にお伝えすることが大切です。

（5）20年前に作ってそのままの就業規則、大丈夫でしょうか？

　就業規則の見直し依頼は新規作成と同じくらいあります。かなり前に作成してそのままのものもあれば、たまに修正している規則もあります。経験的には前者の方が多く、なかには30年位前に作成したままというものもありま

す。

　就業規則は従業員10人以上の会社で作成義務があるため、多くの会社で備え付けはしてあるものの、大事なのはその都度見直しをしているかどうかです。これは会社規模とは関係なく、総務担当者が意識を高く持ちその都度修正しているかに左右されます。

　ただ、地方の会社ではひとり多数役のケースも多く、また専門的な知識が必要となるため、法改正があったり、時代の環境に合わせたりといった修正ができていない会社が多く見られます。

　就業規則の見直しは、幅広い知識ときめ細かさが必要となり、社労士業務の中でもトップレベルに難度が高く、これを総務担当者に求めるのは酷のように感じます。まず、毎年のようにある法改正に対応できていない規則は非常に多いです。

　そのほか、定年・再雇用の年齢や制度が実態と合っていない、パワハラ関係の規定がない、服務規律が弱い（SNS絡みは必須）、懲戒処分の規定が簡易等、数多くの見直し箇所があり、従来の規則を使わず、新しく作成するケースも多くなっています。

　あと実務上トラブルになりやすいのは、就業規則に規定されていないこと、載ってはいるがどっちとも取れるあいまいな規定といった場合です。お互い自分に都合の良い感じに解釈するため、明確な規定に改善すべきでしょう。

　最後に就業規則は、従業員が働く上でのルールブックのような位置づけです。視点を変えると、従業員は労働法で守られていますが、会社を守る法律は基本的になく、唯一あるのが就業規則となります。つまり、時には盾にもなるし剣にもなるのが就業規則です。規定に不安がある会社は、一度見直ししてみてはいかがでしょうか。

（6）勤怠管理のオススメはありますか？

　出勤簿（労働時間を記録した帳簿）は労基法で整備・保存義務があるため、皆さんの会社でも日々記録していると思います。ただ、その記録法は押印、手書き、タイムカード、クラウド勤怠など様々です。地方では押印や手書きもまだまだ見られるものの、タイムカードの会社がもっとも多く、また最近はクラウド勤怠に移行する事業所も見られます。

オススメはやはりクラウド勤怠です。日々の記録と同時に自動で集計されるため、紙の出勤簿を元に出勤日数や労働時間の集計を省略することができます。また、残業申請や有給休暇申請もクラウド上で可能となりスピーディーですし、有給休暇管理簿へも自動で反映されるため、意外と時間の取られる転記作業も不要となります。さらに、スマホ等で打刻するため、テレワークや直行・直帰にも対応でき、そのほか従業員のデジタルへの意識を高められることも見逃せません。

　デメリットとしては、担当者の負担が増えるということ。設定には労基法の最低限の知識（残業など）が必要でしょうし、押し忘れ等の管理も欠かせません。費用に関していうと、初期費用無し、月額０円〜500円／人といったシステムが多く、メリットを考えると必要経費の範囲内という印象を受けます。ぜひ検討してみてください。

（7）退職する際の有給休暇って取らせないとダメなの？

　とても多い質問のひとつです。退職時に有給休暇をまとめて取得する流れは鉄板になっているものの、苦しい経営が続いている会社にとっては納得し難い部分があるのも確かです。有給休暇の目的は心身をリフレッシュし明日への活力を養うことです。もう出社しないのに心身のリフレッシュってどうなの・・・と個人的にも思いますが、法律の立て付け上、会社が取れる対応策としては時季変更権しかありません。

　これは、「請求された時季に有給休暇を与えることが事業の正常な運営を妨げる場合においては、ほかの時季にこれを与えることができる」という権利で、例えば「明日から１週間有給休暇取ります」と急に言われても、運営上、困ることがあります。その際は、「その日は難しいけど、この週なら大丈夫よ」と、会社側から取得日の変更を求めることができます。ただ、有給休暇は退職したら消滅するため、退職時はなかなか後ろに伸ばせない場合が多く、活用しにくい状況となっています。

　そのほか考えられるとしたら、引継ぎ等の事情をきちっと説明し、従業員の心情に訴えることです。会社の事情をまったく考慮せず、自身の有給休暇しか考えていない従業員には一定の効果があります。それでもゼロになるこ

とは無いため、普段から退職時の有給休暇費用を見込んだ上で賃金や休日といった労働条件を決定するもの一案です。

（8）従業員が社会保険に入りたくないと言ったら未加入でいいの？

　社会保険の加入は会社や本人の希望とは関係なく、所定労働時間等で決まります。被保険者となるケースは、「1週の所定労働時間および1か月の所定労働日数が常時雇用者の4分の3以上」という4分の3基準にて判断します。労働時間および労働日数がポイントになるものの、労働日数は社員と変わらないパートスタッフが多いため、実務上、意識するのは週30時間以上かどうかです（週所定40時間労働の会社の場合）。週所定30時間以上で社会保険に加入する義務があり、30時間未満の場合は入りたくても入れません（被保険者50人以下の会社）。

　なお、雇用保険も同じように下記労働条件に該当する方が加入となります。
　・1週間の所定労働時間が20時間以上であること
　・31日以上の雇用見込みがあること

　ちなみに5年に1回程度、社会保険の調査が実施されます。その際、被保険者となるべき従業員が未加入だと、時効の2年まで遡って適用となるケースがあります。そうなると、2年分の本人負担分をどうやって徴収するのか悩みますし、日本年金機構から一括で請求がくるため、資金繰りに苦慮している会社には重くのしかかります。適切な運用を心がけましょう。

（9）残業は許可制がオススメ

　残業の判断を許可制にしている会社もあれば、本人任せにしている事業所もあります。仕事に慣れてくれば、残業が必要か否かの判断は自身でも可能と思いがちですが、本当にそれが適切だとは言い切れません。例えば、残業時間を含めた労働時間で1日の業務を割り振りしている、残業代が欲しい、適切な判断能力に欠けている等、従業員によって意識や認識も異なります。

　以前、特定の人だけ残業が多く削減したいと関与先から相談がありました。残業の判断が本人任せだったため、許可制にしたところ半分以下に減少した

ケースもあります。許可制は、事前に上司に理由等を書いた用紙を提出し判断を仰がなければなりません。この流れが大事で、自身の判断のときより、「今日本当に残業が必要か」を見つめ直すことができますし、微妙な場合は上司が認めない場合もあり得ます。

そのほか本人任せパターンは新人には向きません。判断も難しいでしょうし、終業時刻以後、会社にいれば残業代をもらえると思っている若い人もいます。そのような勘違いを防ぐためにも、残業は許可制が望ましいと思います。

（10）従業員に「パワハラを受けて悩んでいます」と相談を受けたら

第3章で紹介したパワハラについて、2022年4月からパワハラ防止措置の義務化が全面施行され、社内に相談対応の窓口の設置（相談窓口）が義務付けられました。この窓口は社外でもOKなため、当事務所でも青森の会社の相談窓口になっていて、それほど多くはないものの従業員から相談の連絡をいただくことがあります。

この相談窓口、実務的にも大事だと思いますが、地方にいけばいくほど何もやっていない、知らなかった、何らかの対応をした会社でも就業規則に規定した程度といったケースが多いように感じます。本来であれば社員研修をして予防に取り組み、窓口も機能するように整え、何かあれば会社として積極的に対応するといったメッセージを従業員に送るべきと思います。が、実際に地方の小規模な会社では、従業員から相談があっても、「あ〜そう、ま、うまくやってよ」と、軽く流して本気で対応していないケースもあります。

面倒だから、対応の仕方が分からないからといった理由でその場しのぎの対応をするのはNGです。まずは本人からの相談をしっかりと確認し、その後、関係する人へも聞き取りして、然るべき対応策を検討するようにしましょう。

その際、相談者が誰なのかを隠しながら進めるパターンと公開するパターンがあります。相談者的にはその後を考え、知られないことを希望しがちで、その際はそのように進めた方が望ましいですが、身分を隠しながらだとあまり深くまで聞き取りできない場合もあり難しい部分となります。しっかりと

した対応策が打てるようケースバイケースで対応すると良いでしょう。

また、相談を受けた際の対応で会社の信頼度が大きく異なります。心理的安全性が高いと離職率が低く、生産性も向上します。明日からでも、「ハラスメントがあったら相談してください」と従業員にメッセージを送り、頼りになる会社組織へと育てていただければと思います。厚生労働省では、「あかるい職場応援団」というホームページにおいて、研修動画や資料を公表しています。ぜひご活用ください。

（11）忌引きで休んだ時って、給与はどうすればいいの？

ここも誤解されている方が多い部分です。忌引きは特別休暇となります。この特別休暇とは任意で、会社として無くても問題はありませんが、実際に従業員から「祖父が亡くなったので休みたい」と相談を受けたら休暇を与えている会社がほとんどだと思います。就業規則が無くてそのような規定が設けられていなくても、実際は特別休暇有りとして運営している事業所が多いでしょう。

まず特別休暇は休みを与えればいいだけで、給与はノーワーク・ノーペイ（働いていない時間は賃金なし）の原則となります。つまり、その日の給与は出ないこととなり、月給者であれば欠勤控除をする形となります。ここが誤解されているポイントです。特別休暇は休みを与えて、さらに給与も支払うと思っている経営者や従業員がとても多いです。

したがって、誤解されたままの流れでいくと月給者であれば給与を満額支払います。本人有利に扱う分には法的に問題はないものの、時給のパートスタッフが取得した場合、どうするのか悩みます。月給者と同じ対応をするのであれば、有給休暇のように賃金を支払い、ノーワーク・ノーペイの原則に従うのなら賃金は出ないこととなります。ただ後者の場合、月給者と異なる対応になるため、公平さに欠け、それ相応の理由が必要となります。

その場しのぎの対応だと、社員やパートスタッフ間の整合性が取れなくなる可能性があります。そのため、就業規則がある場合は、特別休暇の日数等を整理整頓し、その際の給与はどうするのかを明確に規定することをオススメします。

(12) 異動が不可？となる労働条件通知書とは

　2024年4月から労働条件明示のルールが変更されました。地方では経営者が現場＆事務を担当している会社もあり、法改正への対応があまりスピーディーでないケースも多々あります。ただ、今回の改正では記載が従来のままだと、異動を命令できないといったケースも予測されます。

　変更点としては労働条件通知書に記載する「就業場所」と「従事すべき業務」について、将来変わる可能性がある場合は、「変更の範囲」を記載しなければならなくなりました。店舗や営業所が複数ある会社、職種がいくつかある事業所は対応が必要です。記載例を図表29で紹介します。将来、社員へ転勤や職種変更を提示した際、未対応の労働条件通知書を見せられて、「ムリです」と拒否されないよう、しっかり確認しておきましょう。

図表29　ルール変更後の労働条件記載例

就業場所

（雇入れ直後）仙台営業所	（変更の範囲）会社の定める営業所
（雇入れ直後）広島支店	（変更の範囲）海外（イギリス・アメリカ・韓国の3か国）及び全国（東京、大阪、神戸、広島、高知、那覇）への配置転換あり
（雇入れ直後）本店及び労働者の自宅※	（変更の範囲）本店及び全ての支店、営業所、労働者の自宅での勤務
（雇入れ直後）福岡事務所及び労働者の自宅※	（変更の範囲）会社の定める場所（テレワークを行う場所を含む）

※あらかじめ就業規則でテレワークについて規定されているなど、テレワークを行うことが通常想定されている場合は、就業場所としてテレワークを行う場所が含まれるように明示してください。

従事すべき業務

（雇入れ直後）原料の調達に関する業務	（変更の範囲）会社の定める業務
（雇入れ直後）広告営業	（変更の範囲）会社内での全ての業務
（雇入れ直後）店舗における会計業務	（変更の範囲）全ての業務への配置転換あり

出典：厚生労働省「労働条件明示のルール変更」

(13) 労働基準監督署の調査って何を見られるの？

　労働基準監督署の調査は、定期監督と申告監督があり、前者は定期的に実施するもので、最低賃金が改定した3か月後くらいの1月～2月に実施されるケースが多く、後者はその会社の従業員が相談したことにより行うこととなります。基本的に内容は同じで、持参する書類は以下となります。

- 同封の調査票（あらかじめご記入願います）
- 雇入通知書、雇用契約書または労働条件通知書
- 就業規則（作成している場合）
- 賃金台帳（令和〇年〇月以降）
- 出勤簿、タイムカード等労働時間、時間外・休日労働時間数の実績が記載された書類、シフト表など（令和〇年〇月以降）
- 有給休暇管理簿
- 時間外労働・休日労働に関する協定届の控
- 変形労働時間制に関する協定届の控（採用している場合）
- 健康診断結果個人票

　事前に記入して持参する調査票は、労働者数や始業・終業時刻、休憩時間、所定労働時間といった基本的なことを書きます。調査の目的は、必要な書類を作成しているか、欠かせない手続きを踏んでいるか、適切な残業代が支払われているかなど、あくまで基本的な内容ではあるものの、人材不足の地方の会社においては、複数の内容について是正勧告を受けるケースが多いです。コンプラ意識も会社によって大きく異なります。
　また近年追加されたのが有給休暇の管理簿です。2019年4月から有給休暇の年5日取得が義務化されたのに伴い、調査においても必須となりました。地方には経営者が事務を兼務している会社もあり、管理簿を作成していないケースもあります。ただ管理簿は、実際の残日数等を確認する上でも必要な書類のため、あまり細かくない書式のものを使いながらまとめてみましょう（管理簿の書式は任意）。

（14）勤務中にケガをしたら保険証を使ってもいいの？

　業務上の疾病・負傷は「労災」の対象となるため、保険証は使えません。労災を知らない従業員がほとんどのため、経営者や事務スタッフに覚えてもらいたい知識となります。仕事をしているときに（業務上）ケガをした場合は労災、プライベート（業務外）の場合は健康保険の適用となります。

　例えば、厨房の調理スタッフが業務中に火傷をして病院で診察を受けた場合は労災適用となり、病院および薬局への支払は原則ありません。ただ、病院側がそれに気が付かない時もあるため、「仕事中の火傷です」と本人から伝える必要があります。

　費用は全額労災の療養補償給付で支払われるものの、近年多いのは「労災用紙を持参するまで10割支払ってください」と病院側から言われるケースです。なかには従来通り、労災と伝えると費用のやり取り無しで診察可能な病院もあります。もし10割と言われた場合は一度全額立て替え、なるべく早く労災用紙を持参して返還してもらいましょう。

　また、受診した病院が労災指定病院でない場合は、こちらも一度療養費を全額立て替える必要があります。その後、「療養補償給付たる療養の費用請求書」を、直接、労働基準監督署に提出すると、1か月後くらいにその費用が本人に振り込まれる流れとなります。指定病院か否かは厚生労働省や各地の労働局のホームページで確認できます。

　ちなみに、労災は通勤災害にも適用されます。通勤途中に車で事故を起こしてケガをした場合など、しっかりと労災で申請するようにしましょう。

3 給与計算の注意点

(1) 残業の割増基礎単価とは

　給与計算は会社ごとに個別性が強く、また一般的な注意点も数多くあります。新規で給与計算の業務を受けた際、今までの情報を入力していると多くの間違いに気付くことがあります。というより、間違っていない会社を見つける方が難しいように感じます。ここではよくある質問と間違いやすいポイントを紹介していきます。

　まずは残業代の計算方法です。時給であればその単価となりますが、月給の場合は時間単価に計算し直さなければなりません。給与ソフトを使っている会社であれば、月平均所定労働時間を用いるのが一般的です。

　　月平均所定労働時間
　＝（365日 - 年間休日）× 1日の所定労働時間 ÷ 12か月
　例えば、年間休日125日、1日8時間労働の会社だと以下となります。
　　（365日 -125日）× 8時間 ÷ 12か月 =160時間

　月給16万であれば、割増基礎単価1,000円（16万÷160時間）となります。ちなみに、ここでいう月給に次のものは除外することができます。

①家族手当
②通勤手当
③別居手当
④子女教育手当
⑤住宅手当
⑥臨時に支払われた賃金
⑦1か月を超える期間ごとに支払われる賃金

　①～⑦は例示ではなく限定的に列挙されるもので、これらに該当しない賃金はすべて算入しなければなりません。なお、このような名称の手当であれば、すべて賃金から除外できるわけではなく注意が必要です。

　このようにまずは割増基礎単価を集計し、あとは以下の割増賃金率をかけます。

- 時間外労働　125%以上（1か月 60 時間を超える場合は 150%以上）
- 休日労働　135%以上
- 深夜時間　125%以上

例えば割増基礎単価 1,000 円であれば、1 時間残業したら 1,250 円支給することとなります。

（2）6 時間労働のパートスタッフが 1 時間残業したら割増発生？

法定労働時間 8 時間を超えた部分の残業は割増 125%以上で支払う必要がありますが、では所定 6 時間労働のパートスタッフが 1 時間残業（7 時間労働）した場合、どうなるのでしょうか。この際、8 時間を超えていないため、100%の支払で問題ありません。時給 1,000 円の方であれば、そのまま 1,000 円となります。

このあたりをよく分からないまま労働条件通知書を作成し、所定超 125%といった記載を見かけることがあります。本人有利に扱うことは問題ないため（むしろ推奨されている）、前述の残業 1 時間も 1,250 円（125%）支払うことも可能ではあるものの、その違いをしっかり認識し、実際の給与計算と労働条件通知書を連動させながら進めていきましょう。

（3）法定休日と所定休日って何？

労基法では、毎週少なくとも 1 回の休日を与えなければならないとされています。日曜日とする必要はなく、2 日義務付けられているわけでもありません。イメージとしては、この週 1 日の休みが法定休日という考え方となります。完全週休 2 日制の会社であれば、どちらかが所定休日、残りが法定休日ということです。

両者の違いは休日労働をした際の割増率です。法定休日は 135%、所定休日は 100%となります。ただし、所定休日労働をした場合は、週 6 日勤務となるケースが多く 40 時間を超えてきます。例えば 1 日所定 8 時間の会社だと、その週は 48 時間労働となり、超過 8 時間に対し 125%の残業代を支払うこととなります。つまり、所定休日労働をした際は実質 125%の支払が必要になると覚えておくと良いでしょう（その週に祝日があれば別です）。

（4）社会保険は翌月徴収？当月徴収？

　給与から社会保険料を控除する際、翌月徴収か当月徴収かが重要となります（翌月徴収が原則）。あまり意識されていない担当者も多くいるため、しっかり覚えておきましょう。

　月末締め（翌月支払）の会社であれば、例えば7/1に入社しても7月に給与支払が無いため、自動的に翌月徴収となります。給与ソフトの設定を間違いのないようにし、また算定基礎届等で9月改定となった場合は10月支払の給与から標準報酬月額を変更しましょう。

　いっぽうで、締日と支払日が同月の場合は注意が必要です。例えば、15日締め当月25日支払といったケースです。翌月徴収にすれば問題ないものの、当月徴収としている会社も2〜3割程度ある印象を受けます。間違いではないものの、控除には注意が必要です。

　例えば、前述した締日・支払日で16日に入社した場合、当月徴収にしていても当月に給与が無いため控除できず、翌月に2か月分控除するといったイレギュラーな流れになります。おそらく給与ソフトでは対応できず、担当者が手入力で打ち込むことになると思いますが、忘れる可能性もあるため、やはり原則となる翌月徴収にすることをオススメします。

　ちなみに例年、算定基礎届の改定は9月、健康保険料率の改定は3月に実施されます。反映されていないケースをよく見かけるため、忘れないようにしていただければと思います。

（5）失念の可能性が高い社会保険の随時改定

　社会保険には随時改定（月額変更届）という制度があります。昇給等により固定的賃金が変動し、以後3か月の平均で2等級動く場合は月額変更届を提出しなければなりません。この提出漏れが非常に多いです。制度を理解する必要があるのと、毎月給与計算終了後に忘れずにチェックをしなければならないのですが、いずれかの理由により届出を忘れているケースをよく見かけます。

　また届出は提出したが、適切な時期に給与ソフトの標準報酬月額を変更していなかったというパターンもあります。たまにというレベルではなく、結

構多く見られます。どちらかが多くもしくは少なく控除されているため、公平性を期すためにも然るべきタイミングに年金事務所登録と同じ標準報酬月額に変更する必要があります。

　給与ソフトを使用している場合は、月額変更のチェック機能が付いているものもあります。制度を理解しつつ、自動チェックで確認するのがもっとも効率的は方法です。ぜひ、お試しください。

　なお、前述したように社会保険の調査は5年に一度程度実施されます。当然に随時改定の漏れもチェックされ、手続きがされていなかった場合は、時効の2年まで遡って適用となることがあります。そうなると、例えば給与から控除していた額が少なかったとなると、その差額を本人から支払ってもらわなければなりません。そうならないためにも、忘れずに提出しましょう。

(6) 退職時はいつまで社会保険料を控除するのか

　これは翌月徴収か当月徴収かにより異なります。まずは翌月徴収のケース。例えば5月15日退職（16日喪失）であれば、前月の4月の保険料まで発生しつつ、翌月徴収のため5月支払給与が最終の社会保険料控除となります。ちなみに、月最終日となる5月31日退職の場合は6月1日喪失となるため、6月支払の給与まで控除されることとなります。

　当月徴収の場合も同じような考え方です。5月15日退職（16日喪失）であれば、4月の保険料まで発生し、当月徴収のため4月支払給与が最終の社会保険料控除となります。5月31日退職の場合は6月1日喪失となるため、5月支払の給与まで控除されることとなります。

　複数の組み合わせパターンが存在するものの、仕組みを理解しつつ、給与ソフトを適切に設定すれば、間違うことなく進められると思います。

無料で経営相談ができる「よろず支援拠点」をフル活用

(1) 経営に関する多くの課題に対応

　よろず支援拠点とは、国が設置した無料の経営相談所です。47都道府県にあり、多様な分野に精通した専門家に何度でも無料で相談できます。売上を上げたい、生産性を向上したい、人材育成に力を入れたい、事業計画を作成したい、SNSを活用したい、ITを積極導入したいといった経営に関する多くの悩みや課題に対応していて、2023年度は43万1,043件もの相談がありました。

　地方には苦しい経営が続いている会社も多く、問題点を改善していかなければならないものの、何をどうすればいいのか分からない、そこにあまり費用をかけられないといったケースも多いと思います。そんなときは、積極的によろず支援拠点を活用いただければと思います。相談者の満足度は創設から常に8割超といい、専門性の高いコーディネーターの助言はきっと経営にプラスとなることでしょう。

後継者のことなら事業承継・引継ぎ支援センター

（1）若い社長へバトンタッチも検討しましょう

　事業承継・引継ぎ支援センターは、親族内承継や第三者への引継ぎ等、事業承継に関するあらゆる相談に対応する国が設置した窓口です。相談は無料で、47都道府県に設置されています。経営者の平均年齢は60歳を超えていて、とりわけ地方では後継者不足の影響からか高めの年齢となっています。

　生涯現役社会で高齢の社長でもバリバリやっていると思いますが、若い人達は経営者の年齢が気になりますし、若めの経営者の方が設備投資やデジタルの導入にも積極的です。ただ、事業承継が必要だとは感じていても、何から始めればいいのか分からない経営者も多いと思います。まずは早めに同センターに相談することをオススメします。

おわりに

　経営者は苦労の連続です。売上確保、資金繰り、労働者不足、人間関係の改善、先々の不安……従業員の前では見せられず、長く経営していると目的が分からなくなる事もあるでしょうし、なにせ孤独との戦いでもあります。何もかも不足している地方となればなおさらです。

　本書の企画にあたり正直なところ、いい返事をもらえなかった出版社もありました。が、労働新聞社さんに本書の必要性を強くお伝えしたところ、担当者の尽力もあり出版会議を通ることができました。

　それが2023年の6月頃。出版までかなりの期間がかかってしまいましたが、10万字の執筆は苦労の連続で、その流れは経営と似ているような気がします。執筆中、日々経営者の皆さまからいただく悩みや課題をモチベーションの奮発材料にし、納得のいく原稿を書き上げることができました。

　経営も人一倍の努力が必要です。でも、ひとつ言いたいことがあります。それは心も休ませてくださいという事です。士業で一番親しい友人が20年くらい経営したあと、ついこの間まで3年くらい休んでいました。週末も休みなくフル回転していたせいかもしれません。

　立場上、頑張りすぎる経営者は、体は元気でも心が疲れ気味です。休日は仕事のことを考えないようにし、ONとOFFの切り替えを強く意識することが大切です。休むときはしっかりリフレッシュし、やるべきことが山積しているこれからの時代に、独自性を強く打ち出し、働きがいも追求しながら、正面から立ち向かっていきましょう。

　ぜひ地方ならではのつながりを活かし、都市部に就職した優秀な若者が帰って来られるような心惹かれる会社に育てていきましょう。

　本書の執筆にあたり、多くの経営者やコンサルタントの皆さまに貴重な体験談やアドバイスをいただきました。本当にありがとうございます。また、筆者の想いを汲んで最後まで付き合ってくれました労働新聞社の小倉さんにも感謝申し上げます。

　人生は一度きり。楽しんだもの勝ちです！

社会保険労務士　本田淳也

〈参考文献〉

鈴木貴史『戦わない採用』日本能率協会マネジメントセンター、2023

北島大輔『これ1冊でわかる！ 相手が納得する！ 中小企業の「値上げ」入門』あさ出版、2024

可児俊信『実践！ 福利厚生改革～戦略的アプローチと採用・定着成功事例』日本法令、2018

岩﨑仁弥・森紀男『7訂版 リスク回避型就業規則・諸規程作成マニュアル』日本法令、2019

〈著者略歴〉

本田　淳也（ほんだ　じゅんや）

1975 年青森県深浦町生まれ。
社労士としての一般的な給与計算、労働社会保険手続き、労働相談、就業規則作成等のほかに、社外人事部長として、企業の社員がイキイキ働ける組織づくりをサポートしている。著書「自動車整備業の経営と労務管理」（日本法令）。猫にはまっている 49 歳。好きなテレビ番組「グッと！地球便」。

顧問契約（給与計算、労働社会保険手続き、労働相談）や社外人事部長、就業規則作成・見直し、執筆依頼、セミナー講師のお問い合わせは、ホームページもしくは電話でお気軽にご連絡いただければと思います。全国対応 OK です。

■本田社会保険労務士事務所
〒 030-0802　青森市本町 5 丁目 10-1-3F
TEL:017-752-0506
URL: https://sha-ro.com

人手不足時代を生き抜く地方の会社の人事戦略

2024 年 11 月 8 日　初版

著　　者	本田　淳也	
発 行 所	株式会社労働新聞社	
	〒 173-0022　東京都板橋区仲町 29-9	
	TEL：03-5926-6888（出版）　03-3956-3151（代表）	
	FAX：03-5926-3180（出版）　03-3956-1611（代表）	
	https://www.rodo.co.jp　　pub@rodo.co.jp	
表　　紙	根本　眞一（株式会社クリエイティブ・コンセプト）	
印　　刷	モリモト印刷株式会社	

ISBN 978-4-89761-997-2

落丁・乱丁はお取替えいたします。
本書の一部あるいは全部について著作者から文書による承諾を得ずに無断で転載・複写・複製することは、著作権法上での例外を除き禁じられています。

私たちは、働くルールに関する情報を発信し、
経済社会の発展と豊かな職業生活の実現に貢献します。

労働新聞社の定期刊行物のご案内

「産業界で何が起こっているか？」
労働に関する知識取得にベストの参考資料が収載されています。

週刊 労働新聞

タブロイド判・16ページ　月4回発行
購読料（税込）：46,200円（1年）23,100円（半年）

労働諸法規の実務解説はもちろん、労働行政労使の最新の動向を迅速に報道します。
個別企業の賃金事例、労務諸制度の紹介や、読者から直接寄せられる法律相談のページも設定しています。流動化、国際化に直面する労使および実務家の知識取得にベストの参考資料が収載されています。

安全・衛生・教育・保険の総合実務誌

安全スタッフ

B5判・58ページ　月2回（毎月1・15日発行）
購読料（税込）：46,200円（1年）23,100円（半年）

●産業安全をめぐる行政施策、研究活動、業界団体の動向などをニュースとしていち早く報道
●毎号の特集では安全衛生管理活動に欠かせない実務知識や実践事例、災害防止のノウハウ、法律解説、各種指針・研究報告などを専門家、企業担当者の執筆・解説と編集部取材で掲載
●「実務相談室」では読者から寄せられた質問（人事・労務全般、社会・労働保険等に関するお問い合わせ）に担当者が直接お答えします！
●連載には労災判例、メンタルヘルス、統計資料、読者からの寄稿・活動レポートがあって好評

上記定期刊行物の他、「出版物」も多数　https://www.rodo.co.jp/

労働新聞社

労働新聞社　検索

購読者が無料で利用できる
労働新聞・安全スタッフ 電子版
をご活用ください！
PC、スマホ、タブレットで
いつでも閲覧・検索ができます

〒173-0022　東京都板橋区仲町29-9　TEL 03-3956-3151　FAX 03-3956-1611